铁路科技图书出版基金资助出版

图解桥梁施工技术

郑　机　编著
刘　辉　主审

中　国　铁　道　出　版　社
2018年·北　京

内 容 简 介

本书以图解的形式介绍桥梁施工技术，涉及承台及墩身施工、沉入桩基础施工、钻（挖）孔桩基础施工、沉井基础施工、梁式桥施工、拱桥施工、斜拉桥施工、悬索桥施工、混凝土工程及其他，描述了桥梁施工的主要方法和技术要点。

本书可供桥梁施工组织编制、施工管理、科研、设计、检测、监理、教学、培训参考。

图书在版编目（CIP）数据

图解桥梁施工技术/郑机编著．—北京：中国铁道出版社，2009.8（2018.1 重印）
ISBN 978-7-113-10320-0

Ⅰ.图…　Ⅱ.郑…　Ⅲ.桥梁工程—工程施工—图解
Ⅳ.U445-64

中国版本图书馆 CIP 数据核字（2009）第 124194 号

书　　名：图解桥梁施工技术
作　　者：郑　机　编著

责任编辑：傅希刚　　**电话：**路(021)73142，市(010)51873142　**电子邮箱：**fxg711@163.com
封面设计：崔丽芳
责任校对：张玉华
责任印制：郭向伟

出版发行：中国铁道出版社（100054，北京市西城区右安门西街 8 号）
网　　址：http://www.tdpress.com
印　　刷：虎彩印艺股份有限公司
版　　次：2009 年 7 月第 1 版　2018 年 1 月第 4 次印刷
开　　本：787 mm×1092 mm　1/16　印张：13.75　字数：341 千
书　　号：ISBN 978-7-113-10320-0
定　　价：78.00 元

前　言

随着我国基础建设规模的不断扩大，有关桥梁建设的科研、设计、监理、施工等工作将需要更多的专业人才。为加快桥梁施工技术队伍建设，方便桥梁施工技术交流，提高技术培训的效率和质量，更好地解决传统的以文字及插图形式介绍桥梁施工技术存在不直观、不易理解的问题，作者根据二十几年来的工作经验及收集到的大量有关桥梁施工的图片编写了本书，试图以图片为主的形式相对系统、直观地解析各种桥梁的各种主要施工方法及其要点。

本书共分九章，分别介绍了桥梁承台及墩身施工、沉入桩基础施工、钻（挖）孔桩基础施工、沉井基础施工、梁式桥施工、拱桥施工、斜拉桥施工、悬索桥施工、混凝土工程及其他桥梁施工。书中重点介绍了桥梁各种科学、先进的施工方法，各种施工方法的适用条件、安全质量和工期成本控制、主要机具设备，各种施工工艺的关键工序及技术要点。书中所介绍的方法基本上都是工程实例中采用的方法，实际工程中应根据桥区的具体地质、水文、环境情况及桥梁结构特点等，选择适合的施工方法和工艺。各章节之间既具有独立性又具有互补性，在某些情况下，施工方法的组合使用将更合理、更先进或更具创新性。

本书可供桥梁施工组织编制、施工管理、科研、设计、检测、监理、教学、培训参考。期望本书的出版能为广大桥梁建设工作者提供有价值的参考资料，有助于提高桥梁工程施工质量，加快桥梁工程施工进度，降低桥梁工程施工成本，促进桥梁工程施工技术的发展，更期望本书的出版有助于促进我国的桥梁建设从大国走向强国。

书中的大量图片源于同事提供、现场拍摄等渠道。因图片的收集、整理起自1985年，至今已有二十几年，现已不能详细、准确标识图片来源，特此向每位图片拍摄者、提供者一并致以衷心感谢。图片中红色或黑色箭头所指为该桥梁工程中需重点关注的内容，不一定与图片说明相关。图片编号按章节及施工关联性分组编号。

在本书即将交付出版之际，特别感谢刘振亚老师多年的指导和教育，感谢中国中铁大桥局集团有限公司、中国中铁股份有限公司的领导、专家、同事对编写工作的指导、支持和帮助。由于早期图片清晰度较差，在此深表歉意。

目　录

1 承台及墩身施工

承台施工一般采用明挖基坑、土模基坑、一般支护基坑、筑岛围堰、混凝土桩围堰、钢板桩围堰、钢管桩围堰、单壁钢围堰、双壁钢围堰、薄壁混凝土围堰、吊箱围堰、套箱围堰、地下连续墙围堰、下放承台施工等施工方法。

墩身施工一般采用翻模、爬模、滑模等现场浇筑混凝土以及预制吊装等施工方法。

承台及墩身施工应根据不同的地质、环境、施工条件，选用适当的施工方法。

1.1 明挖基坑

明挖基坑施工一般采用坑壁无支护的基坑、喷射混凝土加固坑壁的基坑、锚筋加固坑壁的基坑等施工方法。明挖基坑施工中应关注坑壁的稳定，做好基坑周边及基坑内的排水，基坑附近不应堆积弃土。

明挖基坑施工应做好施工组织，尽量减少在雨季进行明挖基坑的施工；当基坑位于河流岸边时，应考虑洪水期的影响，在洪水来临前，使承台、墩身高出施工水位，应有相应措施保证施工的连续进行及通航安全；注意地下水的影响，配置足够的抽水设备，必要时配合井点降水措施降低基坑内水位；应保证爆破等施工安全。

做好安全文明施工，设置必要的标志，弃土堆放有序。图 1.1 为明挖基坑施工。

图 1.1　配合井点降水降低基坑内水位，必要时可采用多层井点降水

1.2 土模基坑

土模基坑施工适合于具有地下水位低、基础埋深浅等特点的基础施工。土模基坑以坑壁为基础模板，一般用于临时工程。施工中应关注堆土或其他荷载至坑边的距离，防止坍方，防止地表水进入基坑。图 1.2 为土模基坑。

图 1.2　关注坑壁稳定性，宜尽量缩短施工周期

1.3 一般支护基坑

一般支护基坑施工包含挡板支护坑壁、喷射混凝土支护坑壁等方法，护坡方式见 1.5 节护坡工程。一般采用边开挖边支护的施工方法。组图 1.3 为一般支护坑壁的基坑施工。

图 1.3—1　关注撑杆稳定及支撑桩入土深度

图 1.3—2　关注渗水量、排水能力及坑壁稳定性

1.4 筑岛围堰基坑

筑岛围堰基坑施工适用于施工周期内水深在 3～5 m 以内的基础施工。根据水深、水流速度及降雨量的不同，筑岛坡面可采用砂石袋或片石等进行适当防护，当围堰下有渗水土层时，应进行清理或固化处理。

围堰应具有防渗能力，防水层宜用黏性土填筑。基坑内不应出现大量渗水，以免影响承台混凝土的浇筑。组图 1.4 为筑岛围堰基坑施工。

图 1.4—1 承台施工

图 1.4—2 外侧护坡应能抵抗水流冲刷

1.5 护坡工程

根据护坡高度、水流速度、土壤特性、护坡的技术参数等要素，采用砂石袋、片石、混凝土块、喷射混凝土等不同的护坡方式。迎水面的护坡应考虑水流的冲刷，不可轻视。组图 1.5 为各类护坡。

图 1.5—1 吹砂，水泌出后形成护坡

图 1.5—2 砂袋装砂量<2/3

图 1.5—3 片石护坡

图 1.5—4 竹篾护坡

图 1.5—5　格栅、喷射混凝土护坡

图 1.5—6　锚筋护坡，工序为钻孔→注浆→植入钢筋

图 1.5—7　喷射速凝混凝土护坡

图 1.5—8　预应力锚筋护坡，工序为钻孔→植入锚筋→压浆→张拉

图 1.5—9　预应力锚筋挡墙

图 1.5—10　锚筋挡墙，关注反力座至挡墙距离

图 1.5—11 片石护坡，片石尺寸与水流速、坡度等参数相关

图 1.5—12 片石、扭王块护坡

1.6 混凝土桩围堰

一般采用粉喷桩或旋喷桩作为基坑围堰。根据基坑深度、土壤特性、基坑周边条件等要素，选取不同的设计参数，必要时可以选用加筋混凝土桩、分层加固防护、设置锚固预应力筋等不同的加固措施。组图 1.6 为混凝土桩围堰。

图 1.6—1 关注渗水量，必要时外围布置旋喷桩、灌注封底混凝土等防渗水

图 1.6—2 分层设置混凝土桩围堰

图 1.6—3 混凝土桩围堰加固支撑

图 1.6—4 顶部设置圈梁

图 1.6—5 开挖时逐层设置锚筋

1.7 钢板桩围堰

钢板桩一般适用于深度在 6～10 m 的中小型基坑围护。深度更大时，需要设置强大的支撑结构。钢板桩施工中，采用初打和复打工艺是重要的施工工艺要求。用于水中或地下水丰富的基坑围护时，应防止围堰漏水。不同类型钢板桩，其技术参数不同。组图 1.7 为钢板桩围堰。

图 1.7—1 开挖过程中可逐层加固

图 1.7—2 钢板桩

图 1.7—3 围堰插打时应设置导向结构

图 1.7—4 围堰插打

图 1.7—5 采用静压方法施工围堰

图 1.7—6 水中钢板桩围堰

图 1.7—7(1) 围堰内支撑及吊点

图 1.7—7(2) 围堰细节，必要时灌注封底混凝土后抽水，浇筑承台

图 1.7—8(1) 围堰支撑及插打

图 1.7—8(2)　围堰插打

图 1.7—8(3)　围堰内取土开挖

图 1.7—8(4)　根据渗水情况确定是否采用水下混凝土封底

图 1.7—8(5)　承台施工

图 1.7—9(1)　围堰插打

图 1.7—9(2)　完成插打

图 1.7—9(3)　围堰基坑开挖

图 1.7—9(4) 渗水量较大时可辅助封底混凝土或井点降水

图 1.7—9(5) 围堰支撑设置不能影响承台、墩身施工

1.8 钢管桩围堰

钢管桩的刚度、强度比钢板桩大。钢管桩一般适用于基底深度为 8～16 m 的基础围护。卵石层厚度较大时，因插打困难而不适用。钢管桩锁口的形式主要有圆弧形和槽形。防止围堰渗水的主要措施为锁口内注浆或采用充气气囊封闭。钢管桩施工时也应采用初打和复打施工工艺。可以根据实际需要选用钢管桩直径和壁厚。为降低成本，加快制造速度，钢管桩一般采用螺旋管制造。插入端管壁应适当加强。组图 1.8 为钢管桩围堰。

图 1.8—1 围堰插打

图 1.8—2 围堰及施工平台

图 1.8—3 锁口内注浆防止渗水

图 1.8—4 围堰锁口

图 1.8—5 围堰锁口

图 1.8—6 插入端焊钢板加固

1.9 单壁钢围堰

单壁钢围堰一般适用于基础深度在 4～10 m、围堰直径较小、覆盖层较薄的基础围护施工。一般情况下，底节采用双壁围堰，双壁围堰内填充混凝土以利围堰下沉。根据水文、航道、设备情况选用导向船或吊船起吊下水。由于承台或河床面以下材料不能回收、可回收部分再利用率低，相对于钢板桩围堰，单壁钢围堰成本较高。围堰制造完成后，应进行焊缝探伤和水密试验。可以采用先插打钻孔桩护筒再吊装下沉围堰或先吊装下沉围堰再插打护筒的工艺。组图 1.9 为单壁钢围堰。

图 1.9—1 围堰吊装

图 1.9—2 围堰吸泥下沉

图 1.9—3 围堰细节

1.10 双壁钢围堰

双壁钢围堰适用于深水基础施工，国内已广泛使用于长江及主要河流基础的施工。双壁钢围堰壁厚一般厚至 1.2～2 m，以利加工制造及满足结构受力要求。岩面倾斜的地质条件下，可采用高低刃脚双壁钢围堰或采用水下爆破清平河床的方法施工。

根据水文、航道、设备情况选用滑移下水、导向船或吊船起吊下水。双壁钢围堰具有自浮功能，可以采用拖运的方法就位。

由于承台或河床面以下材料不能回收、可回收部分再利用率低，因此双壁钢围堰成本相对较高。围堰制造完成后应进行焊缝探伤和水密试验。由于双壁钢围堰重量较大并具有自浮能力，一般采用先定位下沉围堰再插打护筒的工艺。组图 1.10 为双壁钢围堰。

图 1.10—1 围堰构造细节

图 1.10—2 采用滑道滑移下水

图 1.10—3 采用气囊滑移下水

图 1.10—4 利用驳船浮运双壁钢围堰，利用导向船起吊下水

图 1.10—5 定位措施

图 1.10—6 导向构造细节

图1.10—7 吸泥下沉

图1.10—8 围堰接高，焊缝应进行水密检验

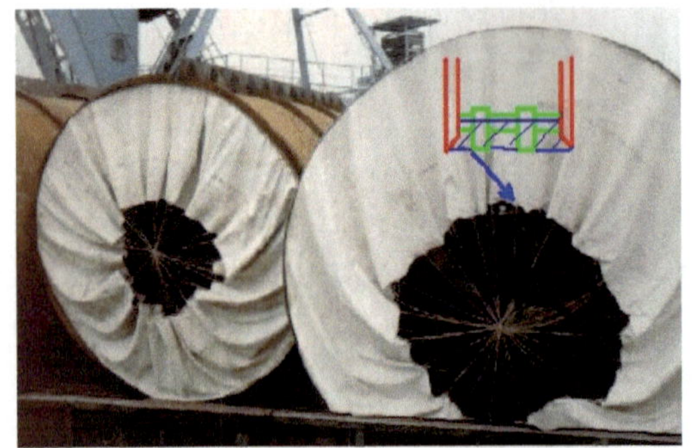

图1.10—9 在灌注封底混凝土前埋设或插打钻孔护筒

图1.10—10 根据地质条件埋设或插打护筒，清水钻孔时护筒可不接高

图1.10—11 围堰面积较大时可分仓灌注封底混凝土，降低混凝土产量要求

图1.10—12 钻孔、成孔

1.11 薄壁混凝土围堰

薄壁混凝土围堰一般适用于陆地基坑围护，由于薄壁混凝土围堰配筋率一般较低，在围堰下沉施工中应防止围堰开裂。由于围堰自重大，辅助挖泥或吸泥下沉可以到达一定的深度。在钢板桩或钢管桩组织或插打困难的条件下，可采用薄壁混凝土围堰，但薄壁混凝土围

堰不可回收，且施工周期相对较长。

1.12 吊箱围堰

吊箱围堰广泛应用于高桩承台基础施工。单壁吊箱围堰抽水水位差一般在 10 m 以内，否则需要强大的支撑结构，以致可能影响墩身结构施工。双壁围堰可根据需要设计，目前已做到 38 m 宽×80 m 长×27 m 高，单个围堰重量达到 5 500 t。

一般采用先施工钻孔桩再安装吊箱的施工工艺。对于双壁吊箱围堰，可采用围堰就位、插打定位护筒固定围堰再钻孔的施工工艺。吊箱内抽水浇注承台混凝土时，抵抗水浮力的方式有：(1) 围堰结构自重＋桩体预埋构件产生的抵抗力；(2) 围堰结构自重＋封底混凝土与桩壁的摩擦力产生的抵抗力；(3) 围堰结构自重＋封底混凝土与桩壁的摩擦力＋封底混凝土重量产生的抵抗力。为保证封底混凝土质量，封底混凝土厚度一般不小于 1 m，建议在 1.2 m 以上。

在吊箱围堰中设置底板，进入水位以下的吊箱底板一般情况下不回收，构造细节应使围堰壁板顺利回收。可以采用钢材或钢筋混凝土制作围堰。组图 1.12 为吊箱围堰。

图 1.12—1(1) 利用正式桩护筒铺设钻孔平台

图 1.12—1(2) 拼装围堰

图 1.12—1(3) 整体吊装围堰

图 1.12—1(4) 围堰细节

图 1.12—1(5) 围堰就位

图 1.12—1(6) 围堰吊挂、封底

图 1.12—1(7) 围堰内抽水

图 1.12—1(8) 承台施工

图 1.12—1(9) 墩身施工出水

图 1.12—1(10) 围堰拆除

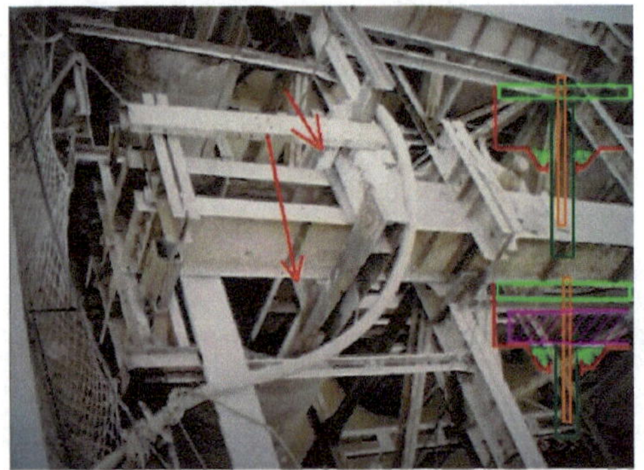
图 1.12—2(1) 桩身预埋构件反拉式围堰

图 1.12—2(2) 桩身预埋构件反拉式围堰

图 1.12—3(2) 钢筋混凝土围堰运输

图 1.12—3(4) 承台施工，围堰不拆除

图 1.12—4(2) 采用气囊滑移下水

图 1.12—3(1) 打入桩施工

图 1.12—3(3) 钢筋混凝土围堰吊装

图 1.12—4(1) 采用气囊滑移下水

图 1.12—4(3) 采用气囊滑移下水

图 1.12—4(4) 围堰浮运就位

图 1.12—4(5) 围堰接高

图 1.12—4(6) 抛锚定位，采用锚链可缩短抛锚距离，增加锚固力

图 1.12—4(7) 插打护筒

图 1.12—4(8) 挂桩使围堰标高不受水位影响

图 1.12—4(9) 挂桩细节，承重梁可伸缩

图 1.12—4(10) 钻孔、成孔

图 1.12—4(11) 围堰接高下放至设计标高，灌注封底混凝土

图 1.12—4(12)　　抽水、桩头清理、承台施工

图 1.12—5(1)　　施工水位以上拼装底板、侧板

图 1.12—5(2)　　侧板细节应方便拆除

图 1.12—5(3)　　围堰起吊

图 1.12—5(4)　　围堰下放至设计标高、挂桩

图 1.12—5(5)　　封底抽水后施工承台

图 1.12—6 围堰整体吊装

图 1.12—7 围堰吊挂在护筒上，然后灌注封底混凝土

1.13 套箱围堰

单壁套箱围堰基本没有下沉能力，一般以清理后的河床面作为封底混凝土的支撑，抽水水位差一般在 10 m 以内。双壁套箱围堰具有下沉能力，根据下沉深度的需要进行结构设计。双壁套箱围堰结构与双壁钢围堰基本相似。双壁钢围堰采用先下沉到位，封底再钻孔的工艺；套箱围堰采用先钻孔，再下沉围堰、封底的施工工艺。围堰就位、下放或下沉方式可参考吊箱围堰施工。组图 1.13 为套箱围堰。

图 1.13—1(1) 围堰浮运

图 1.13—1(2) 采用围堰施工支架临时墩

图 1.13—2(1) 完成钻孔后拼装围堰

图 1.13—2(2) 双壁围堰拼装

图 1.13—2(3) 双壁围堰拼装

图 1.13—2(4) 拼装平台拆除后下放围堰

图 1.13—2(5) 围堰下放、吸泥下沉

图 1.13—2(6) 封底、抽水、浇注承台等

1.14 地下连续墙围堰

地下连续墙是民用建筑或隧道口施工中广泛采用的支挡结构。地下连续墙采用先成孔、灌注混凝土（或安装预制板）再开挖的施工工艺，克服了薄壁混凝土围堰下沉过程中可能遇到的困难。与混凝土桩围堰相比，地下连续墙具有更好的整体件和防渗水能力。组图 1.14 为地下连续墙围堰。

图 1.14—1 成孔作业

图1.14—2　　成孔设备

图1.14—3　　成孔设备

图1.14—4　　成孔设备

图1.14—6　　成孔设备

图1.14—5　　成孔设备

图 1.14—7 成孔设备

图 1.14—8 成孔设备

图 1.14—9 成孔设备

图 1.14—10 成孔设备

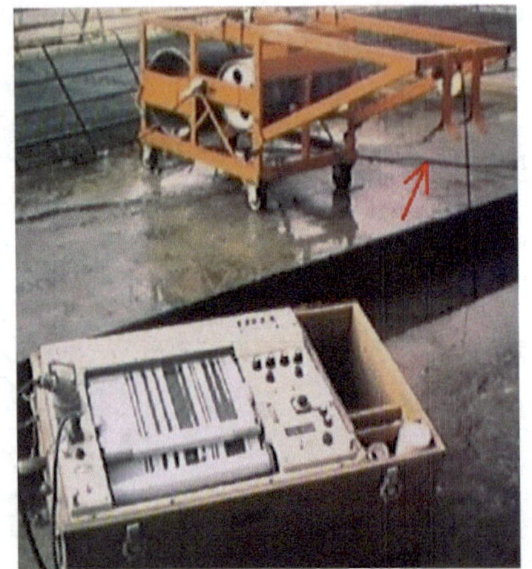
图 1.14—11　　成孔质量检测

图 1.14—12　　钢筋骨架安装

图 1.14—13　　钢筋骨架安装

图 1.14—14　　预制板安装

图 1.14—15　　预制板安装

图 1.14—16 边开挖边施工支撑

图 1.14—17 开挖及支护

图 1.14—18 开挖及支护

图 1.14—19 开挖及支护

图 1.14—20 开挖及支护

图 1.14—21 开挖

图 1.14—22　开挖时临时支撑

图 1.14—23　开挖时临时支撑

图 1.14—24　开挖设备

1.15 预制承台施工法

降低高桩承台高度可以改善桥梁基础结构受力状态。为减少承台施工围堰的工作量，加快施工进度，下放预制承台施工是很好的方法。

预制承台下放施工方法需与设计相适应，墩身位置不应与桩身位置在水平面交叉，否则护筒将影响墩身的施工。组图 1.15 为下放预制承台施工。

图 1.15—1(1)　预制承台浇筑平台

图 1.15—1(2)　承台浇筑

图 1.15—1(3) 吊点设置及承台拆模

图 1.15—1(4) 安装护筒围堰后下放承台

图 1.15—1(5) 利用钢绞线及千斤顶下放承台

图 1.15—1(6) 吊点细节

图 1.15—1(7) 下放承台的连续千斤顶

图 1.15—1(8) 承台与桩身间隙的充气橡胶条

图 1.15—1(9) 承台支撑在其他桩上，逐桩进行连接施工

图 1.15—1(10)　　墩身采用边下放边接高施工
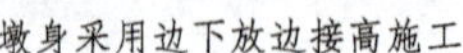

图 1.15—2　　预制件浮运下放示意

图 1.15—3　　下放就位后再灌筑内部混凝土

1.16 承台施工

承台施工的主要工序：桩头处理及垫层施工、模板安装、钢筋及预埋件（含冷却管等）安装、浇筑混凝土前的检查签证、混凝土浇筑及收浆、混凝土养护、模板拆除、基坑回填。防止大体积混凝土开裂的主要措施：采用低水化热水泥、添加粉煤灰和矿粉、添加缓凝剂、降低入模温度、布置冷却管、保温养护减少温差、优化钢筋布置、设置防裂网、采用片石混凝土等。组图 1.16 为承台施工。

图 1.16—1　　基坑开挖

图 1.16—2　　桩头处理及垫层施工

图 1.16—3 模板及钢筋安装

图 1.16—4 冷却管及预埋件安装

图 1.16—5 混凝土浇筑

图 1.16—6 混凝土养护，必要时保温养护

1.17 墩身施工

一般采用翻模、爬模及滑模系统进行现场浇筑墩身混凝土的施工。在海域中施工时，为有效利用可作业天气，加快施工进度，可采用预制吊装方法进行施工。组图 1.17 为墩身施工。

图 1.17—1 翻模系统

图 1.17—2 爬模系统

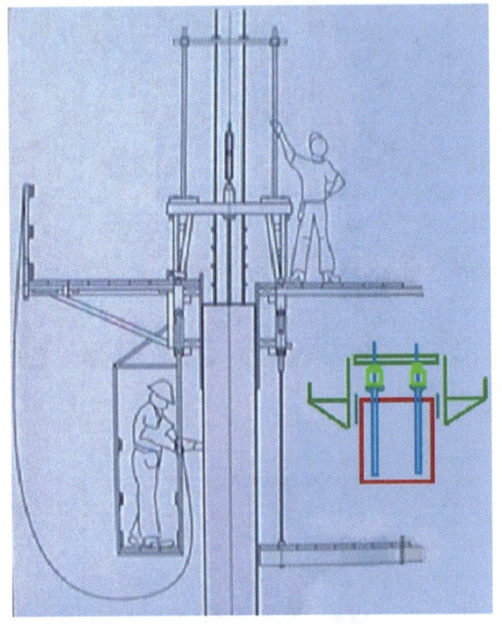
图 1.17—3　滑模系统示意，宜采用速凝早强混凝土

图 1.17—4　墩身混凝土养护

图 1.17—5　预制墩身吊装，就位后浇筑湿接缝混凝土

图 1.17—6　预制墩身吊装

沉入桩基础施工

桩的沉入方法主要有锤击沉桩法、振动沉桩法、静压沉桩法。锤击沉桩一般利用柴油打桩锤沉桩；振动沉桩利用电动或液压振动锤沉桩，振动锤的激振力使桩周土壤液化，降低桩周摩擦力并实现桩体下沉；静压沉桩主要依靠压重克服桩周摩擦力使桩体下沉。锤击沉桩振动大，对周边建筑物影响大，噪声大；振动沉桩振动持续时间长，对周边建筑影响大，噪声相对小；静压沉桩基本无振动，噪声小，但沉桩能力相对较小。群桩施工中应考虑沉桩顺序，减少土壤上挤对已沉入桩的影响。可采用空气辅助下沉、射水吸泥辅助下沉、多层护筒辅助下沉等方法辅助桩的下沉。

2.1 锤击沉桩

锤击沉桩设备一般具有导向架，可以进行直桩或斜桩的插打。组图 2.1—1 为打桩机。

图 2.1—1(1) 打桩机

图 2.1—1(2) 打桩机

图 2.1—1(3) 打桩机

图 2.1—1(4) 打桩机

图 2.1—1(5) 打桩机

图 2.1—1(6) 打桩机

图 2.1—1(7) 打桩机

图 2.1—1(8) 打桩机

图 2.1—1(9) 打桩机

图 2.1—1(11) 打桩机

图 2.1—1(10) 打桩机

图 2.1—1(12) 打桩机

为降低打桩过程中的噪声，某些锤击打桩设备具有降噪装置。组图 2.1—2 为具有降噪装置的打桩机。

图 2.1—2(1) 打桩机

图 2.1—2(2) 打桩机

组图 2.1—3 为打桩锤。

图 2.1—3(1) 打桩锤

图 2.1—3(2) 打桩锤

图 2.1—3(3) 打桩锤

图 2.1—3(4) 打桩锤

一般采用打桩船进行水中沉入桩施工。组图 2.1—4 为打桩船。

图 2.1—4(1) 打桩船

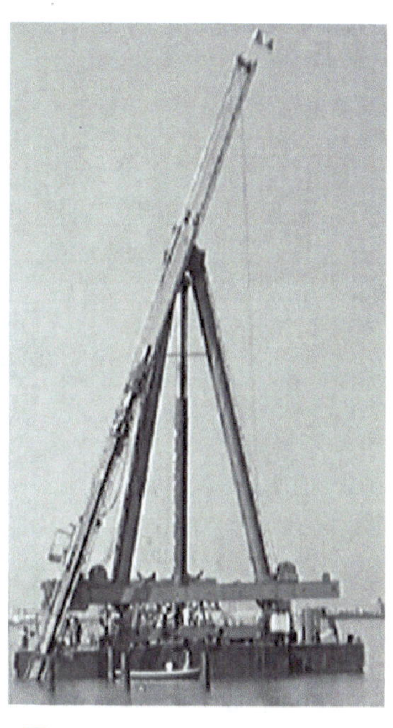

图 2.1—4(2) 打桩船

图 2.1—4(3) 打桩船

图 2.1—4(4) 打桩船

图 2.1—4(5) 打桩船

图 2.1—4(6) 打桩船

柴油打桩锤作业基本原理：柴油高压汽化燃烧，体积膨胀，打桩锤向上，桩体向下进入土层。图 2.1—5 为柴油打桩锤作业基本原理示意图。

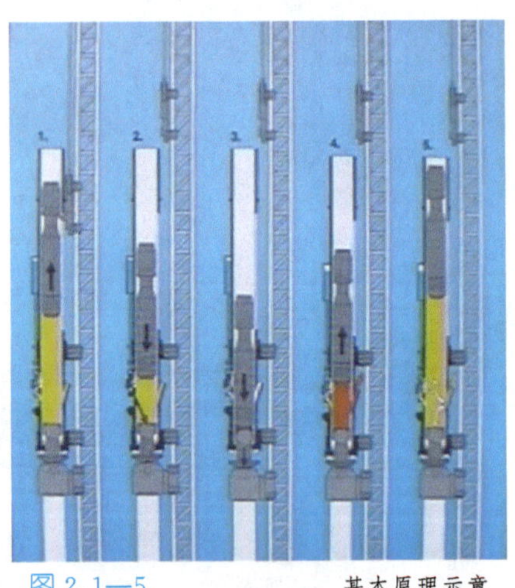

图 2.1—5 基本原理示意

钢桩一般采用对接焊接连接，混凝土桩一般采用法兰盘连接。组图 2.1—6 为桩的连接。

图 2.1—6(1) 混凝土桩的连接

图 2.1—6(2a) 主钢筋插入下节桩预留孔

图 2.1—6(2b) 套箍内灌注胶凝剂

图 2.1—6(2c) 接桩结束

2.2 振动沉桩

振动沉桩原理：电动或液压振动锤内偏心轮产生向下或向上作用力并使桩周土壤液化，使桩体下沉或上拔，具有沉桩和拔桩功能。组图 2.2—1 为振动沉桩施工。

图 2.2—1(1) 锤与桩通过桩帽连接

图 2.2—1(2) 右上侧为导向装置示意

图 2.2—1(3) 锤与桩通过液压夹持器连接

图 2.2—1(4) 振动沉桩

图 2.2—1(5) 振动沉桩

图 2.2—1(6) 振动沉桩

图 2.2—1(7) 振动沉桩

图 2.2—1(8) 振动沉桩

图 2.2—1(9) 振动沉桩

图 2.2—1(10) 振动沉桩

图 2.2—2 为钢管桩的焊接连接。

图 2.2—2 钢管桩的连接

2.3 静压沉桩

静压沉桩振动小、噪声小，但沉桩能力相对较低，广泛应用于小直径、桩长较短的沉入桩施工。组图 2.3 为静压沉桩施工。

图 2.3—1 静压沉桩

图 2.3—2 静压沉桩

图 2.3—3 静压沉桩

钻(挖)孔桩基础施工

3.1 施工平台布置

水上钻孔桩施工平台的主要形式有：移动式平台、单栈桥平台、双栈桥平台、水中整体吊装平台、墩位打入桩平台、利用围堰或筑岛平台、利用护筒导向架平台、利用护筒铺设平台、独立桩平台等。

3.1.1 移动式平台

水上移动式平台浮运就位后，利用支腿内顶升装置使平台提升出水面，平台荷载通过支腿直接传递到河床支撑面，平台受水位、潮汐的影响较小，可作业时间长、效率高。移动平台具有水下炸礁、钻孔桩施工等项功能。

利用水上移动平台可实现钢护筒的精确定位、插打以及钻孔作业等，操作简便，临时设施投入较少，移动平台抗风浪能力较强，待钻孔桩施工完毕后平台可快捷迅速移位、准确定位。

主要施工步骤：(1) 移动式平台的精确定位；(2) 钢护筒的制造、插打和固定；(3) 钻机就位，进行钻孔桩施工。组图 3.1.1 为移动式平台。

图 3.1.1(1) 移动式平台及钻孔设备

图 3.1.1(2) 移动式平台示意

3.1.2 单栈桥平台

单栈桥施工平台主要用以满足人员的交通、材料的运输、施工管道的铺设要求等。栈桥一般设置在下游侧以减少水流冲刷影响。

采用导管架施工的平台：导管架平台具有工厂化加工、制造精度高、整体下放速度快、安装快捷等特点。针对风高浪急、施工条件恶劣的海域，可缩短施工工期，特别适用于无覆盖层裸岩海床或无稳定单桩能力的浅覆盖层海床的钻孔桩基础施工。

导管架平台的主要施工步骤：(1) 导管架结构的加工制造；(2) 选择较好的时机浮运到位，借助吊船进行导管架的下放，并插打定位钢管桩；(3) 平台上部结构的安装，必要时进行锚桩的施工；(4) 钢护筒的制造、精确定位、插打和固定；(5) 钻机就位，钻孔桩的施工。

导管架平台钢结构用料较多，周转率较低，在施工过程中需要大型浮吊、船驳配合作业。图 3.1.2(1)～(4) 为导管架平台。

图 3.1.2(1) (1)导管架；(2)平台；(3)护筒；(4)护筒与导管架连接

图 3.1.2(2) 整体吊放

图 3.1.2(3) 插打定位桩、悬挂平台

图 3.1.2(4) 拼装平台

采用打入桩施工的平台：一般使用栈桥上的吊机逐孔延伸施工栈桥，栈桥施工过程中受海浪、涌潮、水位变化等不利因素的影响较小，可增加有效作业时间。延伸施工栈桥的方法适用于涨潮有水、落潮无水、覆盖层具有稳桩能力的区域或船舶不能到达的施工区域的栈桥施工，栈桥施工速度较快。也可采用水上打桩船等设备进行栈桥平台施工。图 3.1.2(5)～(12) 为采用打入桩施工的单栈桥平台。

图 3.1.2(5)　延伸施工栈桥，跨度 10 m 左右

图 3.1.2(6)　延伸施工钻孔平台

图 3.1.2(7)　延伸施工栈桥

图 3.1.2(8)　采用水上打桩船施工

图 3.1.2(9)　主梁可采用贝雷梁、型钢、万能杆件等

图 3.1.2(10)　桥面可采用型钢、钢板、钢筋混凝土板等

图 3.1.2(11) 上下游设置防撞墩

图 3.1.2(12) 应考虑冲刷及漂流物影响

3.1.3 双栈桥平台

施工平台两侧布设临时栈桥通道，用以满足人员的交通、材料的运输、管道的铺设等需要。

在钢护筒未插打之前，施工平台支撑于栈桥上，待钢护筒插打到位后，增设平台与护筒之间的支撑体系，施工平台支撑于栈桥及护筒上。

双栈桥平台主要施工步骤：(1) 双侧栈桥钢管桩基础及上部结构施工；(2) 栈桥上龙门吊机的拼装；(3) 利用龙门吊机进行平台的拼装；(4) 钢护筒的精确定位、插打、固定；(5) 平台支撑体系转换；(6) 钻孔桩施工。

图 3.1.3 双栈桥平台

可采用类似 3.1.2 单栈桥平台的施工方法施工栈桥。

采用可移动的作业平台可缩短平台的建设周期，提高施工平台的重复利用率，但栈桥建设成本较高。图 3.1.3 为双栈桥平台。

3.1.4 水中施工平台

整体吊装施工平台：整体吊装平台方案适用于水深流急、海床岩面倾斜裸露的海域的基础施工。平台制造成本较大，非特殊施工区域一般不采用。

制造整体吊装平台前，宜先使用“多波束”测深船进行施工区域海床面标高的精确测量，然后根据测量的海床标高，确定整体平台各套管及护筒的长度，进行放样制作。

应在大型浮吊可以靠泊起吊的码头附近或在驳船上拼装平台。整体吊装平台制造完成后，采用大型起重船起吊、浮运平台至施工墩位处。采用 GPS 定位系统指导浮吊的定位、抛锚。为避免水流力作用下整体平台的倾斜或失稳，整体平台四角处的定位桩应与整体平台临时固定，随平台一起下放。整体平台下放后，解开定位桩，立即进行定位桩插打及平台调平。必要时，在整体平台的四个角点处各抛设锚碇，通过调整锚绳调整平台位置并保持平台的稳定。必要时，在已插打的定位桩内填充混凝土，以增加整体平台的稳定性，然后灌注整体平台的封底混凝土，使平台与基岩粘结成整体，增强整体平台的抗风浪能力，并有利于钻孔及灌注桩孔混凝土作业。应尽量避开在涨落潮、涌潮及天文大潮等流速较快的时间段下放

整体吊装平台，一般情况下，宜选择在低平潮时下放整体平台。

整体平台安装完成后，搭设施工平台，进行钻孔桩施工。

整体吊装平台利用正式钢护筒作为平台的一部分，安装精度要求高，整体吊装平台重量大。组图 3.1.4—1～2 为整体吊装平台施工。其中组图 3.1.4—1 为采用 2 600 t 吊船，起吊由 4 根直径 4 m 正式钢护筒（正式桩直径 3 m，考虑海中高流速区域安装误差0.5 m，正式钢护筒直径定为 4 m）及 8 根直径 1.5 m 用于支撑、定位、调平平台的辅助钢套筒组成的高度约 26 m、重达 700 t 的整体吊装平台施工。

图 3.1.4—1(1) 平台拼装

图 3.1.4—1(2) 平台吊装

图 3.1.4—1(3) 平台构造细节

图 3.1.4—1(4) 就位后铺设钻孔平台

图 3.1.4—2 吊装，可考虑采用下沉潜水驳浮运平台的方法

墩位处打入桩建设施工平台：在桥梁水中墩钻孔桩施工中，普遍采用在墩位处打入预制桩建设施工平台的方法。该方法适用于河床覆盖层较厚，插打后打入桩可自身稳定的施工区

域。在海域施工中，受海浪、涌潮等影响，吊船作业效率低，平台施工周期较长。

主要施工步骤：(1) 定位桩插打完毕后，进行桩间连接系拼焊；(2) 安装分配梁，分配梁上安装桁架梁等形成施工平台，或采用吊船分块、分片安装预先组拼好的平台；(3) 插打钻孔护筒，钻机就位，钻孔桩施工。定位桩、分配梁、桁架梁必须连接牢靠，以保证平台的整体性。组图 3.1.4—3～8 为打入桩平台施工。

图 3.1.4—3 打入桩施工

图 3.1.4—4 平台施工

图 3.1.4—5 插打护筒，为增强护筒与封底混凝土粘结力，护筒上可焊钢筋围圈

图 3.1.4—6 钻孔施工平台

图 3.1.4—7 钻孔施工平台

图 3.1.4—8 钻孔施工平台

钢围堰或筑岛施工平台：利用钢围堰或筑岛围堰作为钻孔桩施工平台。钢围堰施工见第一章承台及墩身施工。组图 3.1.4—9 为围堰平台。

图 3.1.4—9　　双壁吊箱围堰施工平台

护筒导向架施工平台：利用导向船浮运护筒导向架，导向船在墩位处抛锚定位，在导向架内插打护筒，将导向架支撑于护筒，退出导向船，完善施工平台，进行钻孔桩施工。将导向架支点从导向船转换到护筒的体系转换过程中，不能有较大的水位、水流向变化，防止导向船的移位造成护筒的损坏。

护筒上铺设施工平台：先利用简易导向船插打护筒，利用桩护筒铺设施工平台。护筒插打见第二章沉入桩基础施工。根据钻孔过程中的荷载确定护筒的插打深度，在施工中应防止因为塌孔造成平台的损坏。组图 3.1.4—10 为护筒上铺设施工平台。

图 3.1.4—10　　施工中应防止坍孔

独立桩施工平台：独立桩平台施工方案适用于河床覆盖层较厚、水流流速较小、插打后钢护筒可自身稳定的施工区域。先用打桩船将钢护筒插打到位，钢护筒插打完毕后，用浮吊安装施工平台，进行钻孔桩施工。组图 3.1.4—11～12 为独立桩施工平台。

图 3.1.4—11 通过液压顶将平台抱箍于护筒

图 3.1.4—12 护筒应打入足够深度并防止坍孔

3.2 施工场景

水上施工所需设备较多，如吊船、驳船、运输船、交通船、抛锚船、定位船、水上混凝土工厂、拖轮、码头、水下电缆、航标等。组图 3.2 为水上施工场景。

图 3.2—1 定位船等

图 3.2—2 钻孔设备

3.3 护筒埋设

根据钻孔桩直径的大小，钢护筒壁厚一般采用桩径的 1/100～1/150，一般为 6～12 mm；根据钻头的形式确定护筒的直径，一般为桩径＋0.3～0.5 m，采用旋转钻时取下限，采用冲击钻时取上限。根据地质条件，陆地钻孔桩护筒埋置深度一般为 4～6 m；采用筑岛围堰时护筒底宜进入原地面，以防止漏浆、塌孔。陆地护筒周边回填土应夯实，护筒高出地面约30 cm。根据地质情况、受力情况、施工水位等确定水中护筒长度。护筒较长时，应控制护筒垂直度，以免影响钻孔和钢筋笼安装。组图 3.3 为护筒设置。

图 3.3—1(1)　第一层临时护筒周边回填土应夯实，钻孔后埋设第二层永久护筒

图 3.3—1(2)　第二层永久护筒运输

图 3.3—1(3)　起吊中应防止非弹性变形

图 3.3—1(4)　第二层永久护筒就位

图 3.3—1(5)　第二层永久护筒插打

图 3.3—1(6)　插打困难时可先吸泥或钻孔

图 3.3—2 护筒设置

图 3.3—3 护筒口防护

图 3.3—4 地面固化及泥浆槽

图 3.3—5 护筒设置精度应满足要求

3.4 泥浆及泥浆处理设备

钻孔桩施工中，泥浆主要起护壁及浮渣作用，应保证泥浆的质量。泥浆配制后宜存放适当时间再使用，使泥浆颗粒有效溶解，改善泥浆的性能。泥浆池的容积应满足钻孔施工需要，应防止雨水或地表水进入泥浆池，影响泥浆质量。应注意环境保护及泥浆池周边防护。组图 3.4 为泥浆及泥浆处理设备。

图 3.4—1 泥浆池宜设置雨棚

图 3.4—2 泥浆处理器

图 3.4—3 泥浆处理器

图 3.4—4 泥浆处理设备

3.5 钻孔前准备

开始钻孔前应落实混凝土配合比、混凝土供应系统、供水供电系统、钢筋笼及声测管绑扎和起吊安装设备、质量记录表格等，应清理护筒内铁件或杂物。图 3.5 为吸铁器。

图 3.5 吸铁器

3.6 成孔作业

钻孔桩成孔的方法一般有：旋挖钻机成孔、正/反循环回转钻机成孔、套管钻机成孔、冲击钻机成孔等。

正循环钻孔工艺为：泥浆从钻杆泵入，从钻头底部流出，混杂钻渣从孔底向孔口流出，泥浆进入沉渣池，钻渣沉淀或分离，泥浆再循环，钻孔深度一般在 30 m 以内，成孔效率较低，由于采用的泥浆比重较大，应加强清孔作业。

反循环钻孔工艺为：泥浆从桩的孔口进入，在气举或泥浆泵作用下，混杂钻渣的泥浆从钻杆流出进入沉渣池，钻渣沉淀或分离，泥浆再循环。

正循环钻孔设备主要有钻机、泥浆泵、泥浆池、沉渣池或分离器。反循环钻孔设备主要有钻机、空气压缩机、风包、泥浆池、沉渣池或分离器。根据地质条件、钻孔直径、钻孔深度选择合适的钻机型号、压风机风量和风压、出风口的位置。

泥浆质量是保障孔壁不致坍孔、钻渣及时排出的重要措施，钻孔进度应与泥浆护壁的形成相适应。不致坍孔的岩层中也可采用清水钻孔。

成孔后应进行孔径、孔深、孔的倾斜度测量。孔深以钻具总长度为准，测锤复核。组图 3.6.1 为旋挖钻机成孔施工。

图 3.6.1—1 旋挖钻机

图 3.6.1—2 旋挖钻机

图 3.6.1—3 旋挖钻机

图 3.6.1—4 旋挖钻机

图 3.6.1—5 旋挖钻机

图 3.6.1—6 旋挖钻机

图 3.6.1—7 旋挖钻机

图 3.6.1—8 旋挖钻机

图 3.6.1—9 钢筋笼吊装

图 3.6.1—10 钻孔施工

组图 3.6.2 为正/反循环回转钻机成孔施工。

图 3.6.1—11 旋挖钻机

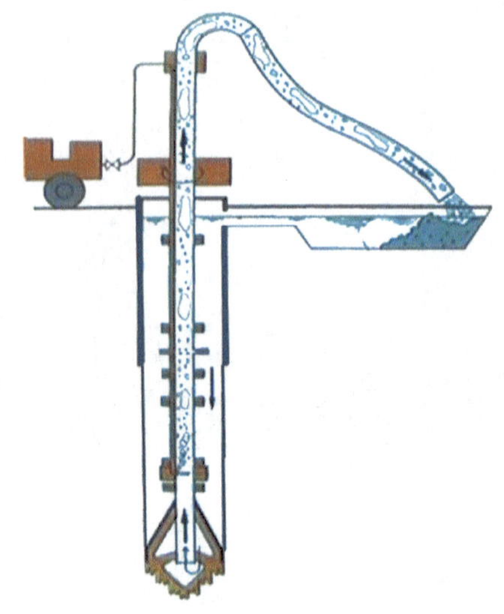

图 3.6.2—1 反循环回转钻孔施工示意，需要一定的水深产生压力差

图 3.6.2—2 正循环钻孔施工

图 3.6.2—3 反循环钻孔施工

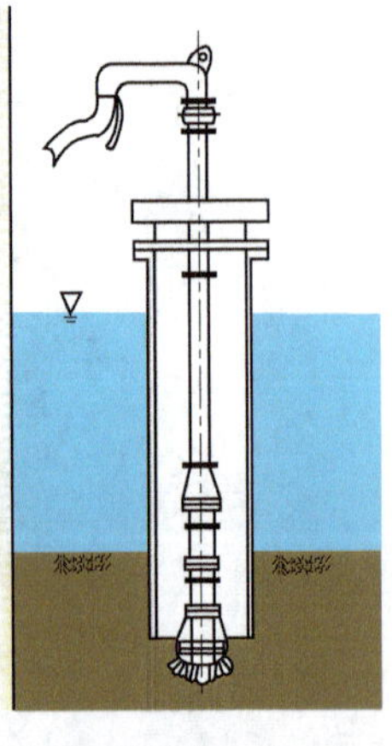

图 3.6.2—4 反循环钻孔施工及示意

图 3.6.2—5 正循环开孔，反循环钻进

图 3.6.2—6　出浆管应固定

图 3.6.2—7　钻杆接长

图 3.6.2—8　钻杆接长时，记录编号、长度

图 3.6.2—9　钻孔深度较大或斜孔钻孔时使用导向架

图 3.6.2—10　斜孔钻孔施工

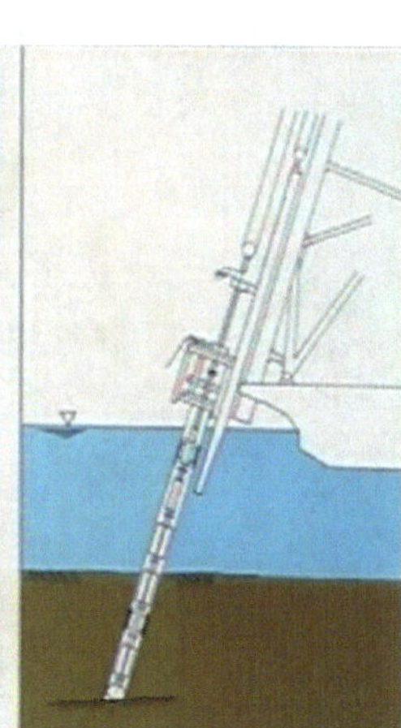

图 3.6.2—11　斜孔钻孔施工及示意

图 3.6.2—12　球齿钻头，出浆口焊钢筋防止钻渣堵塞钻杆

图 3.6.2—13　坚硬岩层使用球齿钻头

图 3.6.2—14　滚刀及出渣口，根据地质确定刀齿的形状

图 3.6.2—15　一般岩层使用滚刀钻头

图 3.6.2—16　平底钻头增设侧向出渣口，需要进行桩底压浆时，宜采用平底钻头

图 3.6.2—17　平底刮刀钻头，除中心处出渣口外，增设外侧出渣口排渣

图 3.6.2—18 锥形刮刀钻头

图 3.6.2—19 钻渣落入锥尖排出，砂层或强风化岩层使用刮刀钻头

图 3.6.2—20 锥形刮刀钻头

图 3.6.2—21 锥形刮刀钻头及导向

图 3.6.2—22 结构护筒清壁钻头，保证护筒与混凝土粘结力

图 3.6.2—23 扩孔钻头，提高桩的承载力

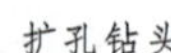

图 3.6.2—24 扩孔钻头

图 3.6.2—25 钻头、风包及配重组合

图 3.6.2—26 配重重量与钻进速度和成孔垂直度相关

图 3.6.2—27 泥浆稠度检查

图 3.6.2—28 泥浆比重检查

图 3.6.2—29 泥浆含砂率检查

图 3.6.2—30 钻头打捞器

图 3.6.2—31 钻头打捞器

图 3.6.2—32 孔内杂物抓斗

图 3.6.2—33 钻机整体移位

套管钻机钻孔过程中边旋转边压入护筒，孔内及时取土，不需泥浆护壁，可防止因坍孔产生对周边建筑物的影响。组图 3.6.3 为套管钻机成孔施工。

图 3.6.3—1 套管钻机

图 3.6.3—2 套管钻机

图 3.6.3—3　　套管钻机

图 3.6.3—4　　套管钻机

图 3.6.3—5　　套管 360°旋转并压入

图 3.6.3—6　　套管 360°旋转套管钻机

图 3.6.3—7　　套管钻机

图 3.6.3—8　　套管钻机

图 3.6.3—9 套管钻机

图 3.6.3—10 套管钻机

图 3.6.3—11 套管钻机

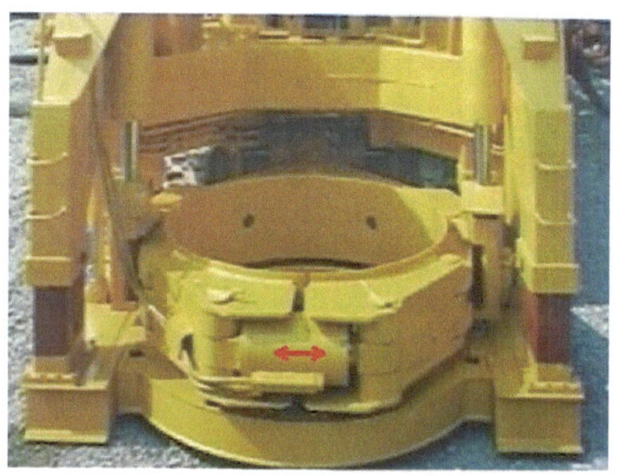

图 3.6.3—12 套管抱箍

图 3.6.3—13 套管

图 3.6.3—14　　套管连接及示意

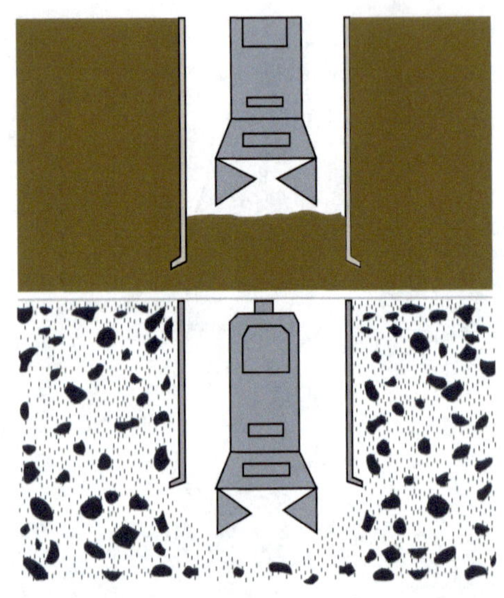

图 3.6.3—15　　套管钻机施工示意

组图 3.6.4 为冲击钻机成孔施工。在卵石层中，冲击钻是较好的成孔方法。

图 3.6.4—1　　取渣筒、取渣盘

图 3.6.4—2　　冲击钻机

图 3.6.4—3　　冲击钻机

图 3.6.4—4　　反循环冲击钻机

图 3.6.4—5 冲击钻机钻头

图 3.6.4—6 钻头一般在10t以内，其重量及底部线型与地质条件相适应

图 3.6.4—7 桩径一般在2m以内

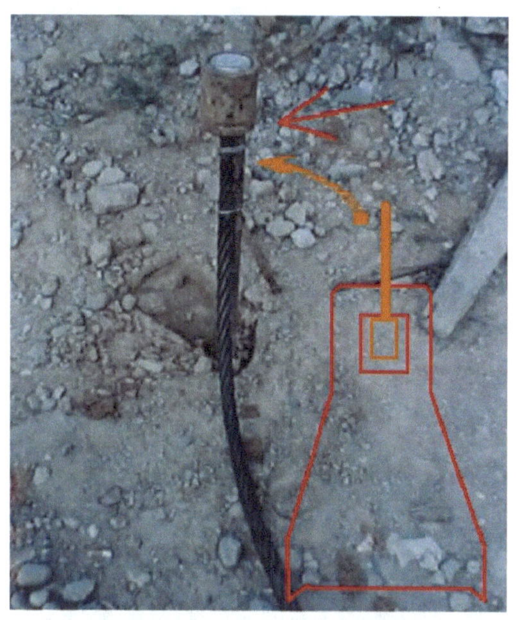

图 3.6.4—8 钨金套，防止出现十字槽，配合使用单向绞拧的钢丝绳

图 3.6.4—9 反循环冲击钻机钻头

钻孔成孔后进行直径、倾斜度、孔深等检查。组图 3.6.5 为成孔质量检查。

图 3.6.5—1　孔径、孔深、倾斜度检查

图 3.6.5—2(1)　孔深检查

图 3.6.5—2(2)　孔径、倾斜度、沉渣厚度检查

图 3.6.5—2(3)　探测仪器

图 3.6.5—2(4)　成孔质量检查

图 3.6.5—3　沉渣厚度检查

图 3.6.5—4 用于成孔质量检查的钢筋笼

3.7 清孔作业

清孔质量直接影响钻孔桩的沉渣厚度，影响桩的承载能力。一般采用钻机空转换浆的方法清孔或取渣清孔。采用空气吸泥机吸泥、泥浆分离器分离钻渣的方法进行清孔，可以达到良好的效果。沉渣厚度指成孔并拆除钻机后，用经过标定的带小钢丝绳的测锤测量的孔深，减去安装钢筋笼及水下混凝土灌注导管后开始水下混凝土灌注前在同一测点用同一测量系统测量的孔深的差值。如果采用测量绳，测量绳应预先浸泡，防止因测量绳变形产生误差。测点尽量靠近桩中心。

清孔作业中不应造成泥浆的离析（往孔内注入清水将造成泥浆离析）。泥浆离析后会增加沉渣和浮浆的厚度，可能造成导管堵管事故。当沉渣厚度不能满足规范要求时，应进行二次清孔。组图 3.7 为清孔作业。

图 3.7—1 利用泥浆分离器清孔

图 3.7—2 清孔作业

3.8 钢筋笼工程

应设置足够的加劲箍加强钢筋笼，防止钢筋笼在吊装过程中损坏。吊装钢筋笼过程中应注意保护声测管。

一般采用混凝土圈、工程塑料圈作为钢筋笼的保护层垫块。由于钢筋垫块可能成为腐蚀通道，不宜采用钢筋作为保护层垫块。

宜采用泡沫塑料包裹进入承台的钢筋，以方便桩头清除。

钢筋笼的接头形式一般采用搭接、焊接、挤压接头、螺纹接头等。搭接接头使接头处钢筋更加密集，在钢筋间距较小的情况下，为使混凝土流动畅通，不宜采用搭接接头；焊接接头需要较长的钢筋焊接时间，钢筋笼安装时间长，可能带来坍孔事故；挤压接头质量不易控制；采用螺纹接头时，为保证钢筋能对接，通常采用长线法加工钢筋笼，钢筋对号入座；在条件许可的情况下，建议采用搭接接头或螺纹接头。

钢筋笼吊入桩孔后，应良好地固定，支撑点应具有足够的强度，建议的设计安全系数应大于 2。在钢筋笼支撑点的强度检算中，应考虑上一节钢筋笼安装时对其产生的作用力。对于长钢筋笼，应尽量减少分节数量，以加快钢筋笼入孔安装速度。组图 3.8 为钢筋笼安装作业。

图 3.8—1　桩头钢筋、声测管泡沫橡胶隔离

图 3.8—2　保护层垫块

图 3.8—3　砂浆圆垫块模具

图 3.8—4　主筋、箍筋间距控制

图 3.8—5 加强钢筋在钢筋笼安装过程中逐步拆除，以利导管安装和拆除

图 3.8—6(1) 声测管布置在钢筋笼内侧

图 3.8—7 桩底声测管宜连通，灌注混凝土后压水疏通防止堵塞

图 3.8—6(2) 声测管连接处应封闭，防止漏浆

图 3.8—8 钢筋笼吊装

图 3.8—9(1) 旋转台座

图 3.8—9(2) 旋转台座

图 3.8—9(3) 利用旋转台座，单台吊船可完成吊装作业

图 3.8—10(1) 加劲箍不应妨碍混凝土流动

图 3.8—10(2) 长线法制作，含声测管、压浆管，压浆管道布置 4～6 个 ϕ5 mm 出浆口

图 3.8—10(3) 钢筋笼运输

图 3.8—10(4) 钢筋笼吊装

图 3.8—10(5) 钢筋笼吊装

图 3.8—10(6) 钢筋笼吊装

图 3.8—10(7) 钢筋笼吊点

图 3.8—10(8) 钢筋笼较重、需控制距桩底距离时，宜设触底指示装置

图 3.8—10(10) 钢筋笼连接作业

图 3.8—10(9) 防止损伤钢筋笼

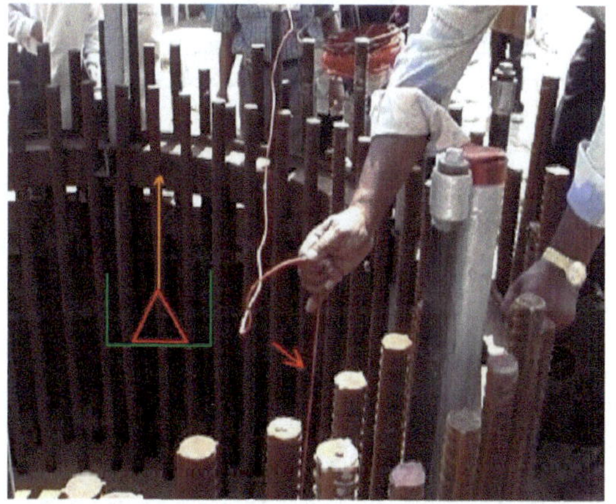

图 3.8—10(11) 沉渣厚度测量

图 3.8—11 可能时，安装钢筋笼前安装以波纹管制作的置换护筒

3.9 水下混凝土灌注

在灌注水下混凝土作业中，应确保设备的完好，建议配置备用供电系统，采用两套混凝土生产、供应系统。混凝土应具有良好的和易性，每盘混凝土质量都应严格监控。安装前，混凝土灌注导管应进行水密试验，水密压力根据钻孔桩深度确定，并不小于 1 MPa。应严格核算导管长度，安装时导管宜接触孔底后再提起 30 cm，用测锤进行通过试验后再灌注混凝土。

拔球或砍球作业前，混凝土的储量应满足能使导管埋入混凝土 1.5 m 以上的要求。计算混凝土的储量时除考虑孔底混凝土数量外，应考虑导管内含有的混凝土数量。拔球或砍球作业后，应连续不断地灌注混凝土，此过程中，小储料斗中应储有混凝土。

拔球或砍球作业完成后，应往灌注导管内抛小石块或采用其他方法观测导管内是否进水。如果进水，应及时清除灌注的混凝土，再次进行拔球或砍球作业。

灌注混凝土过程中，应及时测量混凝土顶面标高，及时拆除导管，应确保导管埋入混凝土的深度在 1.5 m 或 1 倍桩径～8 m。埋深太浅可能造成泥浆进入导管。大直径钻孔桩施工中，埋深太浅不能保证桩周混凝土的质量。埋深太深，可能造成堵管，还可能不能顺利提升导管。应记录混凝土灌注量及对应的标高。

灌注混凝土过程中不能使雨水、杂物等进入导管，混凝土的离析必然造成堵管事故。发生断桩时应及时处理。混凝土灌注量较少时发生断桩，应清理混凝土，拔出钢筋笼，清理后再灌注混凝土，灌注量较大时按照断桩处理。应及时清洗拆除的导管，不洁的导管内壁可能造成堵管。组图 3.9 为混凝土灌注作业。

图 3.9—1 导管水密实验

图 3.9—2 导管安装，导管长度 2～3 m

图 3.9—3 导管安装，导管内径 25～30 cm

图 3.9—4 泡沫球安放于导管内泥浆面

图 3.9—5 混凝土漏斗安装，漏斗上附振动器

图 3.9—6 拔球作业

图 3.9—7 拔球后连续灌注混凝土

图 3.9—9 浮出的泡沫球

图 3.9—8 灌注混凝土

图 3.9—10 拔球及混凝土标高测量设备

图 3.9—11 混凝土标高测量

图 3.9—12 混凝土坍落度及入模温度测量

图 3.9—14 混凝土灌注

图 3.9—13 混凝土灌注

图 3.9—15 岸上泵送混凝土

图 3.9—16 建议采用球阀

3.10 桩底压浆

桩底压浆是提高桩的承载力的重要措施。桩底压浆指标一般包括压浆量、压浆压力、桩的上浮量。一般采用分次压浆工艺进行桩底压浆。为保证浆液均匀分布在桩底或桩侧，可能需要3～5个循环才能保证压浆质量。为满足后续的压浆需要，每循环压浆完成后应进行管道清洗。上一循环压入的泥浆初凝后、终凝前即可进行下循环的压浆，一般间隔时间为3～5小时。浆液采用水泥、膨润土、外加剂和水拌制，强度一般在10 MPa以内，根据每循环所需的压浆量拌制浆液。

为提高桩的承载力，除桩底压浆外，也可以采用桩侧压浆。采用桩内埋设类似千斤顶的构件（O-cell盒），在混凝土达到设计强度后，加压使桩底产生预压力，在产生的空隙中再压浆也能提高桩的承载力。桩底压浆适合于砂质土层。组图3.10为桩底压浆。

图3.10—1 浆液拌制、压浆泵及压浆管

图3.10—2 压浆管道

图3.10—3 浆液

图3.10—4 压浆泵，压力可达13MPa

图3.10—5 压浆设备

图 3.10—6 桩顶上浮监测

图 3.10—7 桩顶上浮监测

3.11 桩的质量检验

桩的质量检测方法主要有：可以检测承载力的静载试验、自平衡加载试验、大应变动载检验，可以检测桩的完整性的小应变检验、声测检验、钻孔取芯检验等方法。组图 3.11 为桩的质量检验。

图 3.11—1 桩的静载试验

图 3.11—2 桩的小应变检测，一般适用于桩长小于 50 m 的桩

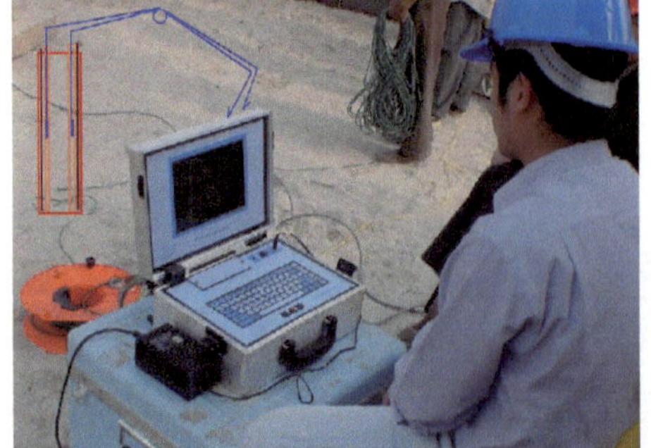

图 3.11—3(1) 桩的超声波检测

图 3.11—3(2) 超声波检测探头

图 3.11—4 桩的大应变检测，用于推算桩的承载力

图 3.11—5 桩的钻孔取芯检测

图 3.11—6(1) 自平衡试验盒

图 3.11—6(2) 自平衡试验数据采集处理

图 3.11—6(4) 自平衡试验钢筋笼细节

图 3.11—6(3) 自平衡试验架

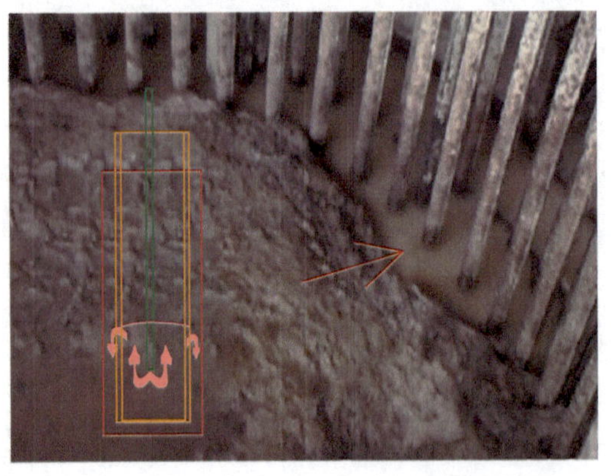

图 3.11—7(1) 过密的钢筋将造成混凝土不能正常流动

图 3.11—7(2) 外观缺陷

3.12 桩头清理作业

承台施工前应进行桩头清理，并使桩顶钢筋形成喇叭口，与承台钢筋网连接成整体。用风镐进行桩头凿除清理，劳动强度大，工作效率较低；用液压顶破碎桩头，工作效率较高。清理后的桩头应平整，标高符合设计要求。

为控制混凝土灌注量，在灌注混凝土时应严格控制混凝土标高。一般情况下，混凝土灌注标高宜超出桩顶标高 1 倍桩直径并不小于 1 m。如果钢筋较密，应适当提高标高。混凝土灌注完成后，将高出部分及浮浆及时吸除，以减少凿除桩头的工作量。组图 3.12 为桩头清理。

图 3.12—1 桩头清理

图 3.12—2 尽量减少需清理的混凝土

图 3.12—3 桩头钢筋形成喇叭口与承台混凝土连接

3.13 挖孔桩施工

挖孔桩施工的难点在于土层的不稳定、易坍塌和渗水量太大、不易将桩孔中的水排除。土层不稳定、易坍塌时，一般采用安装木框架、下沉预制混凝土井圈、砌砖围圈、现浇混凝土围圈、喷射混凝土或插打钢护筒等措施支护土壁，或采用压浆固化、生石灰桩固化、粉喷搅拌法固化等方法将土层固化后开挖。在渗水量不大的黏性土、砂类土、碎石类土、岩石地质条件下，挖孔桩施工是比较容易实现的。

可能由于地表水、河流、湖泊天然水、孔隙水、裂隙水、断层、泉眼、暗沟、溶洞中的水的浸泡、渗入、水压力作用，造成土层坍塌、翻砂、排水困难，增加开挖施工难度，在挖孔桩施工中应研究堵水、导水、排水技术措施。当桩孔内渗水量很大时，可采用先钻小孔的施工方法，即采用旋转钻、冲击钻或其他成孔方法，在桩位处钻 $\phi0.8\ \mathrm{m}\sim\phi1.5\ \mathrm{m}$ 的孔，孔深超过设计桩底标高 1～2 m，在孔中安装多台水泵排水并开挖。当所钻小孔孔壁容易坍塌时，宜安装带孔眼的钢或钢筋混凝土渗水管，渗水管周围应填上比管壁孔眼略大的细石子，以利地下水渗入孔中，用水泵排出。

为保证施工安全，在制定挖孔桩施工方案时，应充分掌握水文地质资料，采取有效的措施防止塌孔、突发性涌水、涌泥、流砂的发生。应了解桩孔内是否存在易燃、易爆、有毒气体，并采取相应的处理方案。挖孔桩施工过程中大量的排水可能造成地下水位的降低而产生许多不利后果。渗水量较大时宜采用水下混凝土灌注工艺灌注桩身混凝土。组图 3.13 为挖孔桩施工。

图 3.13—1 导流槽

图 3.13—2 钻爆破孔

图 3.13—3 挖孔桩施工

3.14 钻埋空心桩施工

钻埋空心桩施工顺序为：成孔、埋置预制桩及压浆管、回填卵石、孔侧孔底压浆，形成大直径桩基础。组图 3.14 为钻埋空心桩施工。

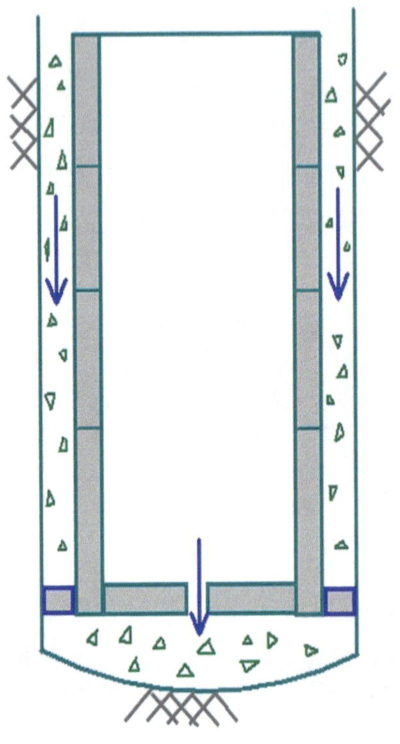

图 3.14—1 钻埋空心桩示意

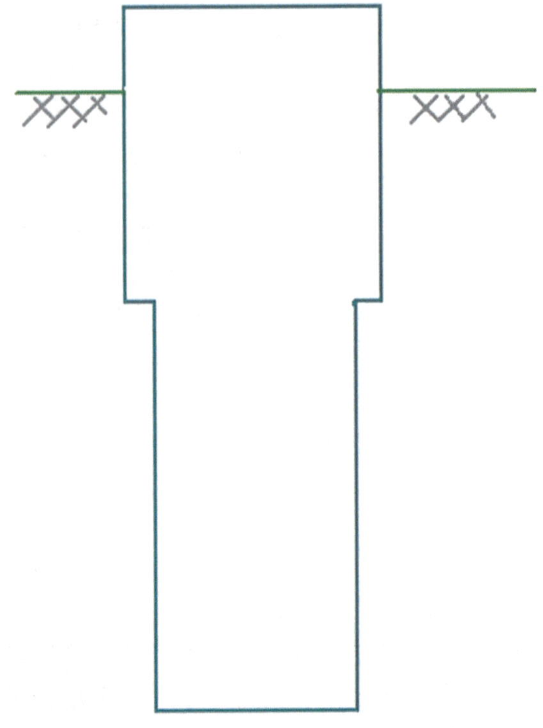

图 3.14—2(1) 打入护筒、钻孔、成孔

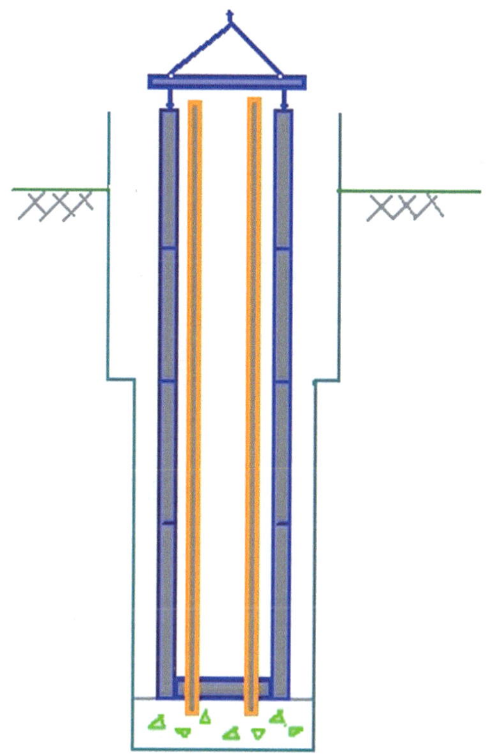

图 3.14—2(2)　桩底填石、吊入桩体、注水下沉

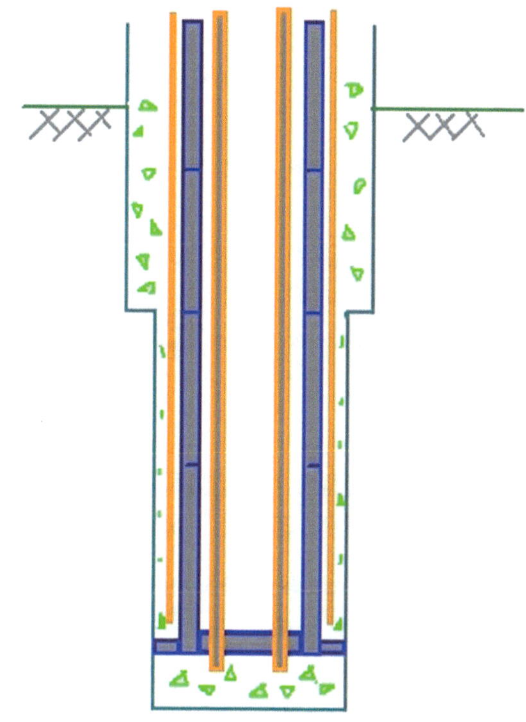

图 3.14—2(3)　桩底填石表面浇注隔离层，安装桩侧压浆管，桩侧填石，桩侧压浆

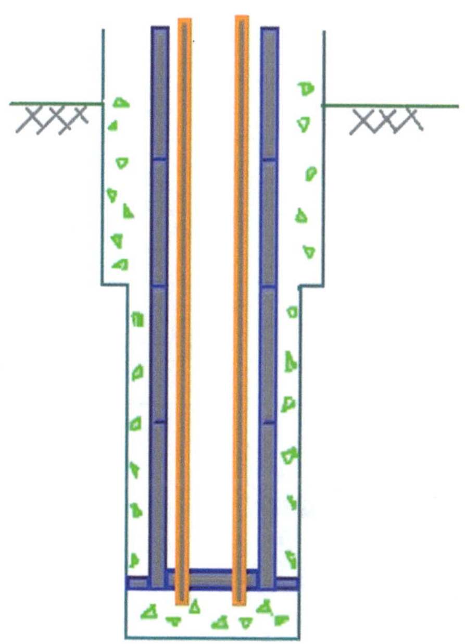

图 3.14—2(4)　桩尖压浆，形成空心桩

沉井基础施工

沉井基础具有较大的刚度和承载能力，在卵石或黏土层中，由于沉井周边摩擦力大，不易下沉较深的深度，较适用于砂质土层的大吨位基础。

4.1 沉井基本构造

一般情况下，陆地沉井的刃脚采用钢结构，其他节段采用钢筋混凝土结构；水中沉井的底节采用双壁钢结构以保证能自浮，进入土层后接高部分采用钢筋混凝土结构。组图 4.1 为沉井基础构造。

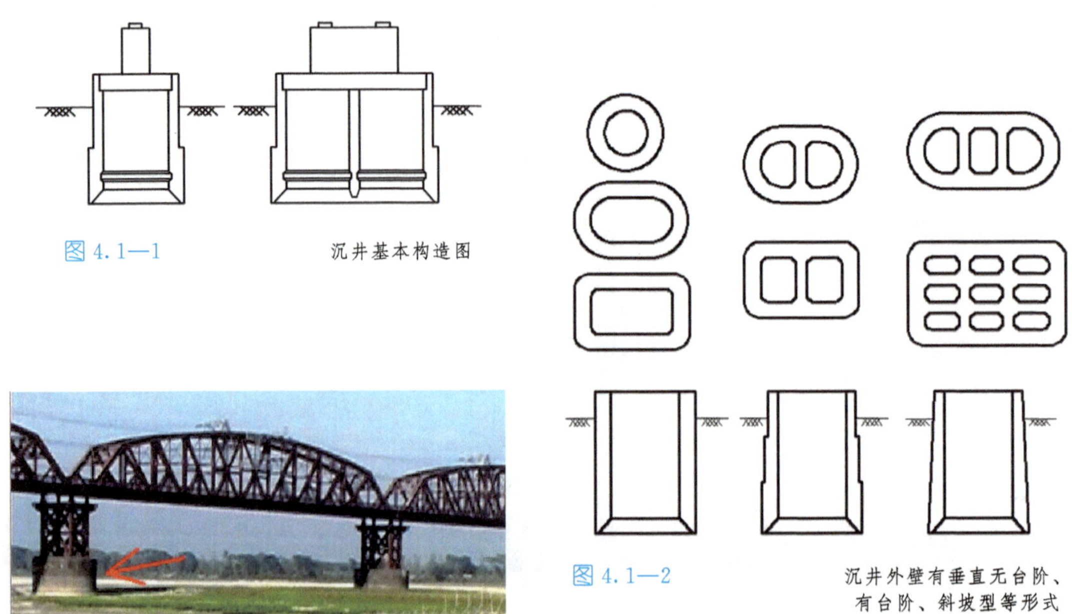

图 4.1—1 沉井基本构造图

图 4.1—2 沉井外壁有垂直无台阶、有台阶、斜坡型等形式

图 4.1—3 沉井基础

4.2 陆地沉井施工

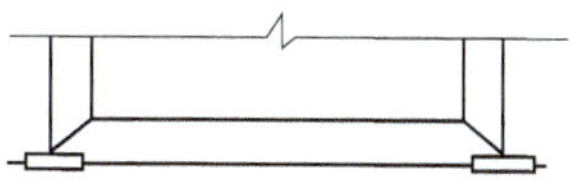

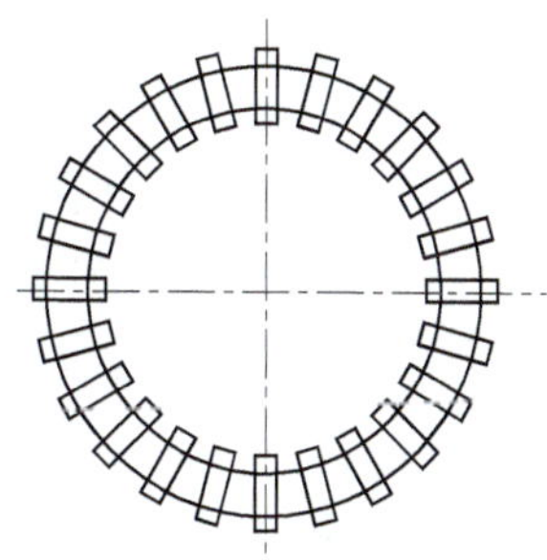

图 4.2—1 陆地沉井施工示意

陆地沉井底节在陆地或筑岛岛面上墩位处浇注，底节刃脚为钢结构，刃脚下满铺枕木以支撑底节沉井重量。底节沉井混凝土达到设计强度后，逐步均布抽出枕木，防止沉井开裂，最后几根枕木在底节沉井重量作用下破坏，沉井进入准备下沉阶段。组图 4.2 为陆地沉井施工。

图 4.2—2 陆地沉井施工

图 4.2—3 陆地沉井施工

4.3 水中沉井施工

水中沉井底节施工与双壁钢围堰施工相类似，采用滑移、起吊、潜水驳下沉等方式使底节沉井入水，然后定位钢沉井，必要时接高钢沉井，灌注井壁混凝土，下沉钢沉井，底节沉井进入河床并能支撑接高节段的混凝土重量后，继续接高沉井，下沉至设计标高。水中沉井底节施工方法请参考第一章承台与墩身施工相关章节。组图 4.3 为水中沉井施工。

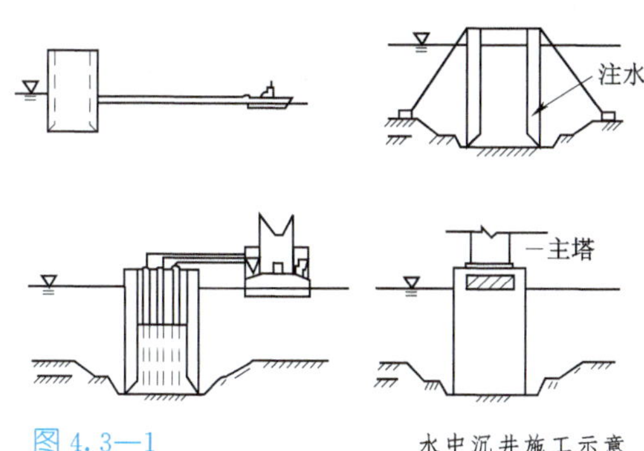

图 4.3—1 水中沉井施工示意

图 4.3—2 底节沉井拼装、吊放下水

图 4.3—3　带气室的底节沉井

必要时，采取消能措施防止导向船在水涡流作用下发生大幅度的摆动。组图 4.3—4 为消能装置示意。

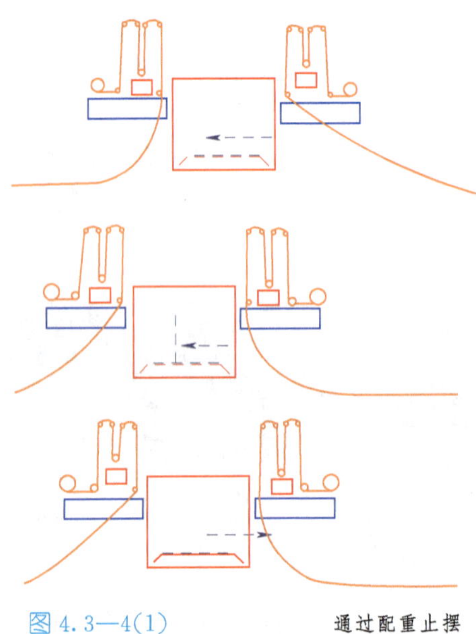

图 4.3—4(1)　通过配重止摆

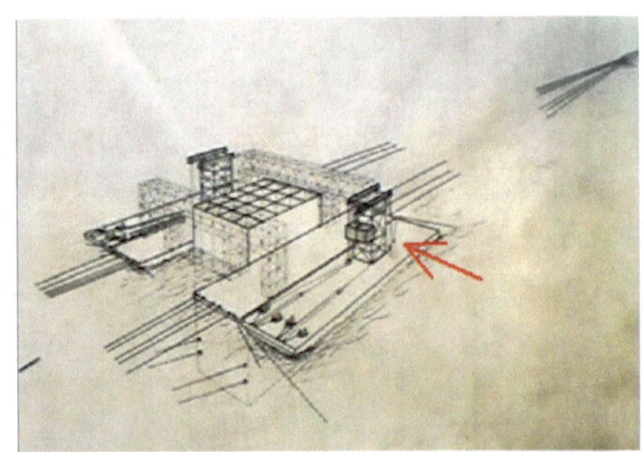

图 4.3—4(2)　导向船止摆装置示意

图 4.3—4(3)　导向船止摆配重

4.4 沉井下沉

沉井下沉的主要方法有：抓泥下沉、吸泥下沉、射水辅助下沉、空气幕辅助下沉、泥浆润滑套辅助下沉、压重辅助下沉等，可能时可通过清理覆盖层直接下放沉井。

沉井下沉过程中清理出的泥渣应远离沉井，防止偏压造成沉井偏移。接高沉井的模板中心线应与已施工沉井中心线重合，防止出现“之”字中心线，影响结构受力和沉井下沉。沉井接高段的模板应支撑于已施工沉井上，不得支撑于地面，以防止灌注混凝土过程中荷载的增加使沉井下沉，进而使模板变位或损坏。组图 4.4 为沉井下沉施工。

图 4.4—1　不同的土壤选用不同类型的抓泥设备

图 4.4—2　吸泥下沉

图 4.4—3　吸泥机，辅助射水吸泥下沉

图 4.4—4　射水辅助下沉设备

图 4.4—5　空气幕辅助下沉试验

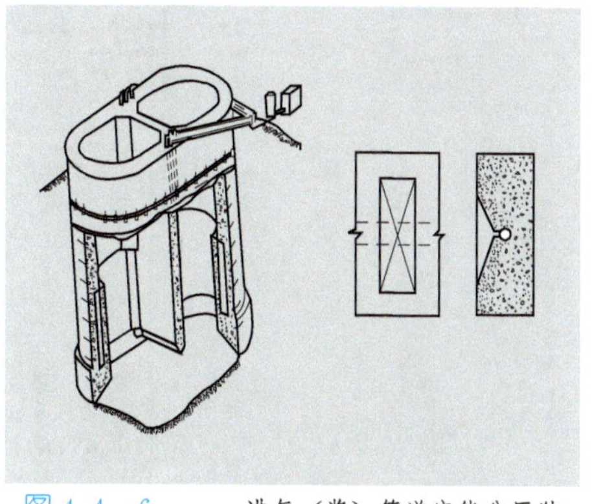

图 4.4—6　进气（浆）管道应能分区独立进气（浆），以利沉井纠偏

图 4.4—7　　掘削机挖土下沉

图 4.4—8　　挖土下沉

4.5 封底混凝土施工

沉井下沉到设计标高后，清理井底土层，经探测或潜水检查合格后，灌注封底混凝土。为保证封底混凝土的整体性，封底混凝土应一次灌注完成，一般不采用分仓或分次的方式灌注沉井封底混凝土。混凝土工厂的产能及运输能力等应满足一次整体灌注封底混凝土的要求。

4.6 沉井盖板施工

当沉井顶面标高低于水面时，须设置挡水围堰修筑沉井盖板及墩身。当抽水水位不高时，可以采用单层围板，必要时可以采用双层围板。图 4.6 为沉井围板布置示意。

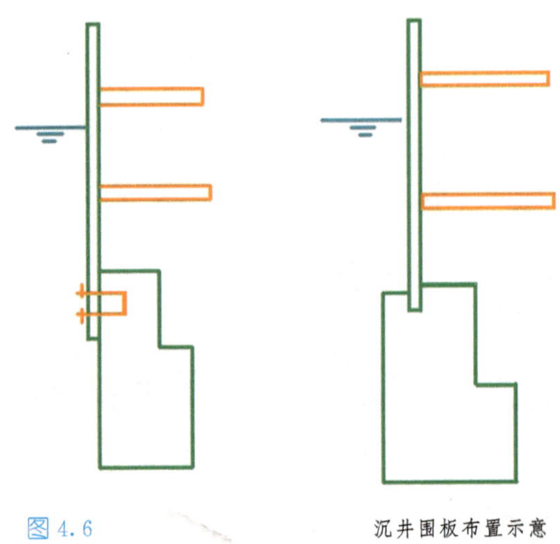

图 4.6　　沉井围板布置示意

4.7 沉井纠偏

沉井下沉过程中应及时进行沉井的纠偏工作，使沉井形态、位置保持在容许范围内。

沉井下沉过程中产生偏移的主要原因有：沉井周边土压不均、沉井下土层软硬不均、沉井内未均匀取土、沉井内大量翻砂等。采取的主要纠偏措施有：(1) 偏加载或偏挖；(2) 施加拉力或顶力；(3) 偏射水；(4) 偏吸泥；(5) 偏压重等。图 4.7 为沉井纠偏措施示意。

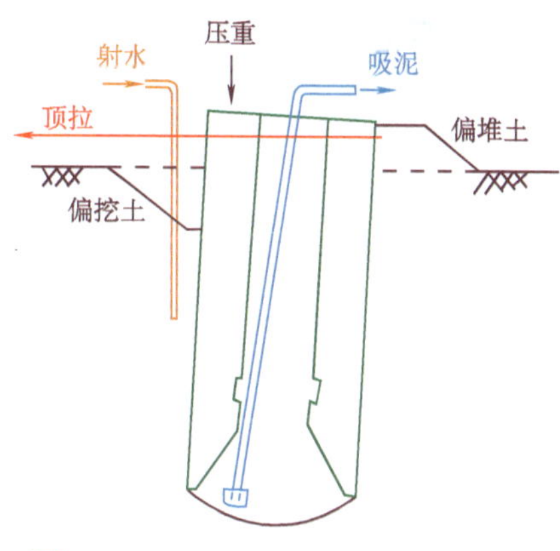

图 4.7 沉井纠偏措施示意

5 梁式桥施工

梁式桥是应用最广泛的一种桥梁结构。随着预应力技术的应用，梁式桥的跨度已达到250 m以上，常见的梁式桥跨度在200 m以内。

5.1 梁式桥结构形式

梁式桥一般包括简支梁、连续梁、悬臂梁、刚构、桁梁以及其他结构梁式桥梁，如V形墩和竖向提升、竖向旋转、水平旋转桥梁。

5.1.1 简支梁桥

简支梁桥是墩顶上梁体不连续的桥梁结构，梁体一端布置固定支座，另一端布置活动支座，以适应梁体温度变化、收缩徐变、荷载作用等产生的梁体变形，固定支座一般设置在上坡端或重车方向端。由于墩顶处梁体不连续，需设置伸缩缝来适应行车要求，行车舒适性较差，同时会产生较大的噪声，如果排水系统出现问题，将增加桥梁养护工作量；由于墩顶处梁体不连续，墩身沉降不会改变梁体的内力分布，桥梁受损时也可以逐孔换梁。简支梁断面一般为T形、Ⅱ形、单箱单室、单箱多室、多箱单室、多箱多室、桁梁等形式。

预应力混凝土简支梁桥的跨度一般在50 m以内。当跨度超过50 m后，梁体结构将主要承受梁体自重荷载，经济性较差。组图5.1.1为简支梁桥。

图5.1.1—1 简支梁桥

图5.1.1—2 上承式简支桁梁

图 5.1.1—3 简支梁桥

5.1.2 连续梁桥

连续梁桥是墩顶上梁体连续的桥梁结构，一般在连续梁体中部区域的墩顶上设置固定支座，其他墩顶布置活动支座，使连续梁体两端的伸缩量相近。

由于梁体在墩顶上连续，行车条件较好，但墩身沉降将影响梁体的内力分布，因此对墩顶沉降控制要求更加严格；由于梁体在墩顶上连续，墩顶处梁体产生负弯矩，减少了梁体的跨中弯矩，弯矩分布更加均匀，相对简支梁而言，一般情况下可以降低工程量。当梁体翼板比较宽或预应力分布相对密集不均布时，应考虑剪滞作用的影响，防止梁体产生裂纹。

连续梁断面一般为单箱单室或多室箱梁、多箱单室或多室箱梁、Ⅱ形梁、桁梁等形式，主梁一般采用预应力钢筋混凝土或钢材。

连续梁跨度一般在 200 m 以内。在城市中，为降低梁体高度和提高经济性，跨度一般在 50 m 以内，连续梁一般每 5～8 跨一联。组图 5.1.2 为连续梁桥。

图 5.1.2—1 连续梁桥

图 5.1.2—2 连续梁桥

图 5.1.2—3 连续梁桥

图 5.1.2—4 连续梁桥

5.1.3 悬臂梁桥

悬臂梁桥结合简支梁桥和连续梁桥的特点，在墩顶上梁体是连续的，但在跨中设置挂梁。由于墩顶上梁体是连续的，改善了梁体的受力状态，当墩身发生沉降时，挂梁处伸缩缝发生变位，使梁体内力体系保持不变。组图 5.1.3 为悬臂梁桥。

图 5.1.3—1 V 形墩悬臂梁桥

图 5.1.3—2 悬臂梁桥

5.1.4 刚构桥

刚构桥是墩梁结合的桥梁结构，墩身沉降将使桥梁结构内力分布发生重大变化，一般采用柔性墩或柔性基础以适应梁体收缩徐变的影响。

施工中，与预应力混凝土连续梁合龙时只进行一般锁定不同，刚构桥合龙时一般需在合龙处施加顶力，使合龙端张开一定尺寸后再锁定，然后浇筑合龙段混凝土，以减少预应力混凝土后期收缩徐变的影响。一般情况下，合龙段混凝土比梁体混凝土高一个级别，也可采用补偿收缩混凝土。应加强合龙段混凝土及相邻节段混凝土养护，防止出现裂纹。组图 5.1.4 为刚构桥。

图 5.1.4—1 刚构桥

图 5.1.4—2 刚构桥

5.1.5 桁梁桥

桁梁是由钢筋混凝土、预应力钢筋混凝土或钢结构杆件单元组成的梁体，一般采用钢桁梁。桁梁桥可以是简支梁、连续梁、悬臂梁等结构形式。由于钢桁梁受温度变化及荷载作用产生的伸缩量较大，一般不采用多孔刚构桥形式。

与T梁、箱梁相比，桁架桥梁承载能力更强，跨度可以更大。武汉长江大桥、南京长江大桥、九江长江大桥、芜湖长江大桥、武汉天心洲长江大桥、京沪高速铁路南京大胜关长江大桥均采用桁梁结构形式。

桁梁桥有上承式、中承式和下承式及其组合的结构形式。桁梁桥可以方便地布置为公路、铁路两用的桥梁。

钢桁梁维修养护费用较高，不建议在小跨度桥梁结构中使用。组图5.1.5为桁梁桥。

图5.1.5—1 上承式桁梁桥

图5.1.5—2 下承式桁梁桥

图5.1.5—3 中承式桁梁桥

图5.1.5—4 公铁两用桁梁桥

5.1.6 其他结构梁式桥

常见的其他结构梁式桥有V形墩、提升桥、旋转桥等。组图5.1.6为其他结构形式的梁式桥。

图5.1.6—1 V形墩桥梁

图5.1.6—2 V形墩桥梁

图 5.1.6—3 竖向提升桥梁

图 5.1.6—4 竖向提升桥梁

图 5.1.6—5 竖向旋转桥梁

5.2 梁式桥施工

梁式桥梁体一般采用钢筋混凝土、预应力钢筋混凝土、钢构件、钢与钢筋混凝土的组合梁。组合梁中钢与钢筋混凝土的连接一般采用剪力钉。

梁式桥一般采用现场浇筑和预制安装的方法进行施工。现场浇筑一般采用支架法、悬臂浇筑法、移动模架法、顶推施工法进行施工；预制安装一般采用吊装架设法、架桥机架设法、浮运架设法、悬臂拼装法、造桥机拼装法等进行施工。由于收缩徐变等因素影响，预应力混凝土梁的施工方法与设计的各工况计算假定紧密关联。

施工中应特别注意预拱度或预缩量的设置，保证施工完成后梁的线形或尺寸与设计相符。

施工工艺细节请参考第九章及其他章节。

5.2.1 支架现浇或拼装施工

支架现浇是矮墩桥梁施工中常用的方法。施工中应注意支架地基的处理，防止地基沉降，除必要的地基加固外，对支架进行预压、设置必要的排水沟是防止地基沉降的

重要手段。地基处理可采用改良土强夯、混凝土硬化、粉喷桩、旋喷桩、碎石桩、排水板固化、真空固化等措施。由于支架拼装后各连接部分存在间隙，在调整底模线形前应对支架进行预压重以消除非弹性变形，根据预压荷载和容许沉降量确定预压时间。支架应具有较小的弹性变形，防止浇筑过程中混凝土出现裂纹，在混凝土初凝时间内完成混凝土浇筑工作可以降低混凝土由于支架变形产生裂纹的风险。支架预压的加载方式可以是水箱、砂袋、钢筋、混凝土块等。如果支架的弹性变形较大，必要时采用换重方式进行混凝土的浇筑。

底模的标高应考虑支架弹性及非弹性变形的影响，梁体长度应考虑预应力张拉后的收缩、徐变影响。

设计支架时应考虑其拆除方法，在梁体混凝土浇筑完成后，支架承受强大的压力，支架的设计应考虑此压力能被顺利释放。组图 5.2.1 为支架现浇施工。

图 5.2.1—1 支架现浇施工

图 5.2.1—2 模板应密贴

图 5.2.1—3 螺杆应伸出

图 5.2.1—4 地基应处理

图 5.2.1—5 支架现浇施工

图 5.2.1—6 支架现浇施工

图 5.2.1—7 支架现浇施工

图 5.2.1—8 移动支架现浇施工

图 5.2.1—9 支架现浇施工

图 5.2.1—10 支架预压

5.2.2 吊装架设施工

在条件允许的情况下，可以采用龙门吊机、汽车或履带吊机、水上浮吊、千斤顶等提升方法进行预制梁体的吊装。应精心设计吊具，吊机的选型应满足施工需要，应详细考虑运梁方案、起吊时梁体的位置及吊机的位置。梁体就位时，应缓慢起落吊点，防止损伤梁体或支座。

在海域施工时，由于风浪、涌潮等影响，吊点晃动较大，通过调整吊点位置进行梁体精确定位的方法较难实现。为加快梁体的架设速度，墩顶宜设置梁体的纵横移设施进行梁体的精确定位，梁体精确定位后再安装支座锚栓等。组图 5.2.2 为吊装架设施工。

图 5.2.2—1　　龙门吊机吊装施工

图 5.2.2—2　　龙门吊机吊装施工

图 5.2.2—3　　浮吊吊装施工

图 5.2.2—4　　浮吊吊装施工

图 5.2.2—6　　浮吊吊装施工

图 5.2.2—5　　2100 t 梁体吊装

图 5.2.2—7 浮吊吊装施工

图 5.2.2—8 浮吊吊装施工

图 5.2.2—9 浮吊吊装施工

图 5.2.2—10 墩顶纵横移设备及砂箱

5.2.3 架桥机架设施工

在需架设的梁体数量多、运距长的情况下，采用架桥机架设施工比较适用。架桥机架设效率高，一般条件下每天可以架设 2～3 片梁，但前期投入较大。

架桥机安装完成后应进行试吊并保存试吊记录。应严格架设工艺，防止出现架桥机倾覆等事故。应进行必要的保养和维修，确保设备处于良好的工作状态。

架桥机施工方案研究中，应特别重视起点和终点的架设条件，选择合适的架桥机结构形式。

一般情况下，在已架设的梁体上运输待架设的梁体，应检算梁体的承载能力，确保梁体的安全；注意支点千斤顶的使用安全。组图 5.2.3 为架桥机施工。

图 5.2.3—1 试吊

图 5.2.3—2 梁体架设

图 5.2.3—3 梁体架设

图 5.2.3—4 梁体架设

图 5.2.3—5 梁体架设

图 5.2.3—6 梁体架设

图 5.2.3—7 梁体架设

图 5.2.3—8 梁体架设

图 5.2.3—9 梁体架设

图 5.2.3—10 梁体架设

图 5.2.3—11 梁体架设

5.2.4 浮运架设施工

在水域或海域中，根据施工条件，可以采用浮运架设梁体的方法。

在研究浮运架设方案时，应充分考虑梁体的下水方案，应考虑梁体运输过程中浮体的倾覆稳定性和船体的局部及整体受力强度，应考虑拖轮的动力及布置方式，应考虑涨潮或落潮引起的水位标高的变化，应考虑加载或卸载时浮体吃水深度的变化，应考虑运输线路，由于梁体运输属大件运输，应征得海事等部门的同意并取得协助。

由于船体吃水深度、水位、水流速度、过往船舶产生的波浪、风力等变化，锚碇系统受力将发生变化，使浮体产生平面位置的变化。为减少这些影响，必要时应设置强大的锚碇系统。锚碇设备的配置影响架梁就位精度和架梁工作效率。根据河床地质条件选择合适的锚碇设备，在无覆盖层或覆盖层锚固能力较差的河床中，一般采用重力式锚碇。组图 5.2.4 为浮运架设施工。

图 5.2.4—1 浮运架设施工

图 5.2.4—2 浮运架设施工

5.2.5 悬臂浇筑施工

悬臂浇筑施工是预应力混凝土连续箱梁施工的一种比较常用的方法。

一般采用挂篮进行悬臂浇筑施工，节段长度一般为 3～5 m，混凝土重量在 150 t 以内。在斜拉桥施工中，一般采用牵索挂篮，节段长度可以达到 8 m 左右。

由于在混凝土重量作用下挂篮产生变形，预应力张拉后梁体也产生变形，因此在浇筑混凝土前，挂篮除应消除非弹性变形外，还需根据计算结果设置预拱度。应根据设计要求在施工中调整梁体的线形，以保证梁体顺利合龙和成桥线形。宜在混凝土初凝时间内完成混凝土浇筑作业，精心筹划混凝土浇筑顺序，防止由于挂篮的变形造成混凝土开裂。

挂篮结构设计和施工中，应防止挂篮倾覆。主桁后锚固点是挂篮结构的重要部分，应进行充分的检查和检验；底模后锚固点应保持一定的预压力，防止漏浆；挂篮投入使用前应进行分级压重，检验各项指标是否与设计相符。挂篮的结构形式影响施工效率，应进行精心的选型和细节设计优化。挂篮应具有足够的刚度，一般挂篮自重为节段重量的 0.5～0.8 倍，挂篮、模板及施工荷载应控制在设计容许范围内。

在编制挂篮悬臂浇筑施工周期时，应考虑混凝土强度增长和弹性模量增长所需的技术间隙时间，减少混凝土收缩、徐变对预应力损失的影响。为保证施工质量，在现有技术条件下，建议的施工周期为 6～8 天，尽量做到连续施工并与设计假定的工期相符。

为保证节段连接面质量，连接面应进行必要的处理，防止连接面成为钢筋锈蚀的通道；应保证钢筋的连接质量；应保证预应力管道的连接质量，防止浇筑混凝土过程中出现漏浆等堵塞管道的现象；应保证浇筑的混凝土与相邻节段混凝土同时养护，避免温差和收缩差异使混凝土产生裂纹；为穿索和张拉需要，施工中在桥面临时开孔时，应征得设计者的认可，并布置适当的加强钢筋；应按照设计要求进行预应力索的对称张拉，任何情况下应先张拉纵向预应力索，再张拉横行或竖向预应力索。组图 5.2.5 为悬臂浇筑施工。

图 5.2.5—1

悬臂浇筑施工

图 5.2.5—2 挂篮构造

图5.2.5—3 挂篮构造

图5.2.5—4 挂篮构造

图5.2.5—5 挂篮构造

图5.2.5—6 悬臂浇筑施工

图5.2.5—7 悬臂浇筑施工

图5.2.5—8 0号块施工

图5.2.5—9 直线段施工

图 5.2.5—10 直线段施工

图 5.2.5—11 边跨合龙

图 5.2.5—12 先主梁后翼板浇筑施工

图 5.2.5—13(1) 挂篮拼装

图 5.2.5—13(2) 1 号块施工

图 5.2.5—13(3) 悬臂浇筑施工

图 5.2.5—14(1) 0 号块底板预制

图 5.2.5—14(2)　　0 号块底板吊装或现浇

图 5.2.5—14(3)　　0 号块腹、顶板施工托架

图 5.2.5—14(4)　　0 号块施工完毕

图 5.2.5—14(5)　　挂篮拼装及 1 号块施工

图 5.2.5—14(6)　　挂篮构造

图 5.2.5—14(7)　　挂篮构造

图 5.2.5—14(8) 挂篮吊点及混凝土养护

图 5.2.5—14(9) 预制钢筋骨架及支撑

5.2.6 移动模架施工

移动模架施工设备投入较大。相对于支架现浇施工，移动模架施工不需进行地基处理，在软弱地基、水域、高墩、山区等施工条件下，移动模架具有明显的优越性能。

移动模架跨度一般在 50 m 以内，少量达到 60 m，节段施工周期一般在 12～15 天。

一般情况下，为减少移动模架跨中弯矩，现浇梁体前端有适当长度的悬臂。

移动模架结构有上导梁和下导梁两种，其中下导梁形式的移动模架结构更加简洁。下导梁移动模架中，有模板与主梁设计为一体的移动模架，梁体断面改变时，移动模架改制工作量比较大。下导梁移动模架过桥墩的方式有导梁开启和底模开启两种，国内常见的为导梁开启方式。移动模架投入使用前应进行检查和压重试验，使用中应加强检查。

应关注梁体预拱度及支座中心位置的设置。组图 5.2.6 为移动模架施工。

图 5.2.6—1 上导梁移动模架

图 5.2.6—2 上导梁移动模架

图 5.2.6—3 上导梁移动模架

图 5.2.6—4　　下导梁移动模架

图 5.2.6—5　　下导梁移动模架

图 5.2.6—6　　底模开启，到位时状态

图 5.2.6—7　　注意施工安全

图 5.2.6—8　　下导梁移动模架

图 5.2.6—9　　下导梁移动模架

5.2.7　悬臂拼装施工

相对于悬臂浇筑，悬臂拼装速度更快；相对于造桥机拼装，悬臂拼装设备投入较少。但使用悬臂拼装方案时，应能将悬臂拼装节段运输到悬臂吊点下方，因此在运输困难的山区、不能满足船舶通行的浅水湖泊、受涨落潮水影响的浅滩区域，不宜使用悬臂拼装方案，必要

时可以使用缆索吊机进行悬拼施工。

在悬臂拼装中应及时调整梁体线形。拼接面胶接材料应具有良好的耐久性能，施工时应搅拌均匀，拼接面间隙应填充饱满，但不能堵塞预应力管道。

在拼接前，拼接面应进行适当处理，清除污渍和预制时涂刷的隔离材料。宜在拼接完成后进行预制节段在拼接面处损伤部位的修补，提前修补可能影响匹配面的匹配，造成局部应力过大。

胶接材料应在一定的压力作用下凝固，以保证拼接质量。为保证压力的均匀，应合理地布置施加的预应力。

在拼接作业中，对胶接面施加压力后，胶接材料必然会被挤出。为美化外观，应及时清除挤出的胶接材料。清除过程中，应不损害梁体的外观。

采用体外预应力索时，拼接面可以不涂刷胶接材料。组图 5.2.7 为悬臂拼装施工。

图 5.2.7—1 悬臂拼装

图 5.2.7—2 悬臂拼装

图 5.2.7—3 浮吊吊装时应设置定位架

5.2.8 造桥机拼装施工

造桥机施工设备投入大，但却能克服悬臂拼装的局限性。

一般情况下，节段预制后在预制场地存放 28 天以上才能进行节段拼接，以减少混凝土后期收缩和徐变对预应力损失的影响。

节段拼装工艺与悬臂拼装施工相似。施工中应保证设备的安全。节段预制工艺见第九章及其他章节。组图 5.2.8 为使用造桥机的悬臂拼装施工。

图 5.2.8—1(1) 造桥机拼装

图 5.2.8—1(2) 节段运输

图 5.2.8—1(3) 节段吊装

图 5.2.8—1(4) 节段吊装

图 5.2.8—1(5) 节段旋转 90°后就位

图 5.2.8—1(6) 节段吊装

图 5.2.8—1(7) 胶拼材料搅拌设备

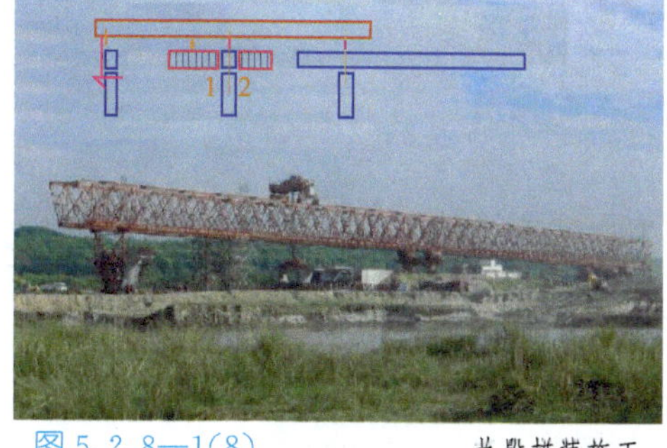

图 5.2.8—1(8) 节段拼装施工

图 5.2.8—1(9) 直线段节段吊装

图 5.2.8—1(10) 节段吊装

图 5.2.8—1(11) 节段旋转

图 5.2.8—1(12) 节段拼装

图 5.2.8—1(13) 支点转换

图 5.2.8—1(14) 合龙施工锁定支撑

图 5.2.8—1(15) 合龙施工锁定支撑顶紧

图 5.2.8—2(1) 整孔拼装后张拉预应力

图 5.2.8—2(2) 整孔拼装吊点

图 5.2.8—3 整孔拼装后张拉预应力

5.2.9 顶推施工

在一个固定的台座浇筑混凝土节段，节段混凝土达到强度和弹性模量要求并张拉预应力后，将节段顶推出混凝土浇筑台座，再进行下一节段混凝土浇筑，不断地循环，完成预应力混凝土梁的施工。顶推梁跨度一般在 50 m 以内。

顶推梁导梁的刚度应与梁体的刚度相匹配，导梁刚度越大，导梁与混凝土梁体连接面内力越大，导梁刚度越小，墩顶处混凝土梁体受力越大。

节段顶推中，梁体由滑动面支撑，滑动面标高相对固定。为防止梁体扭曲损坏、支撑面局部受力过大，滑动面的平整度宜控制在 1 mm/m的范围内。建议牵引杆采用钢绞线。根据牵引力及墩身受力要求，选用单点或多点顶推方式。组图 5.2.9 为顶推梁施工。

图 5.2.9—1(1) 节段浇筑台座

图 5.2.9—1(2) 台座顶落千斤顶

图 5.2.9—1(3) 导梁连接细节

图 5.2.9—1(4) 顶推体系后锚固点

图 5.2.9—1(5) 顶推千斤顶

图 5.2.9—1(6) 临时墩，减小预制端转角等

图 5.2.9—2(1) 双幅顶推梁施工

图 5.2.9—2(2) 台座下落及支点千斤顶

图 5.2.9—2(3) 底模系统

图 5.2.9—2(4) 顶推作业

图 5.2.9—2(5) 导梁及临时墩

图 5.2.9—2(6) 后锚固点

图 5.2.9—2(7) 连续顶推千斤顶

图 5.2.9—3　顶推梁施工

图 5.2.9—4　顶推梁施工

图 5.2.9—5　顶推梁施工

图 5.2.9—6　履带式滑道

图 5.2.9—7　侧向限位器

图 5.2.9—8(1)　梁体滑移施工

图 5.2.9—8(2)　梁体滑移轨道

图 5.2.9—8(3)　梁体滑移轮轨

5.2.10 钢桁梁施工

钢桁梁的连接主要采用铆钉连接、栓焊连接和全焊连接。

铆接结构中，构件采用铆钉连接，通过铆钉的抗剪传递构件内力；栓焊结构中，构件的板件之间采用焊接，构件与构件之间采用高强度螺栓连接，通过拧紧高强螺栓产生的摩擦力传递构件内力；全焊结构中，构件的板件及构件连接采用焊接连接，通过焊缝传递构件内力。铆钉连接作业中，劳动强度较高，噪声大，在桥梁结构中已较少使用铆接结构；栓焊结构构件的加工精度高，施工操作简便，在桥梁结构中广泛使用栓焊结构；全焊结构施工中，需在高空进行节点的现场焊接，受环境条件影响，焊接质量、桥梁线形较难保证。

钢桁梁节点形式主要有散拼节点和整体节点。散拼节点用钢量较多，拼装工作量大，但易于加工制造；整体节点用钢量较少，拼装工作量小，但加工难度大。随着钢结构加工能力的提高，整体节点采用得越来越广泛。

可采用整节段吊装和单根杆件逐步安装的方法拼装钢桁梁。整节段安装时，需要的装备能力较高，但安装速度较快；单杆件安装时，需要的装备能力较低，但安装速度较慢。

钢梁合龙施工技术是钢梁施工中的关键技术。通过外力或日偏照实现合龙点横桥向移动；通过外力、温差产生的梁体伸缩及固定支点位置转换、支点起落顶及固定支点位置转换等实现合龙点纵桥向移动；通过压重或压重位置的变化及通过支点起落顶、拉索或放索等措施实现合龙点的竖向移动；配合合龙点的顶拉设备，实现钢梁的合龙。钢梁规模较小、通过钢梁支点的纵横向移动可以实现快速合龙时，一般只设置一个圆形合龙销孔，否则宜设置一组合龙销孔，其中一个为水平长圆孔，一个为圆孔，在调整合龙点竖向位置后，安装长圆孔销子，实现钢梁竖向合龙，在调整合龙点纵向位置后，安装圆孔销子，实现钢梁精确合龙，然后完成高强度螺栓安装或焊接作业等。

根据钢梁跨度、荷载特性、使用环境等选用相应性能的钢材。

钢梁油漆总厚度一般在 180～240 μm，钢梁油漆由底漆、中间漆、面漆组成。面漆一般为两道，在钢梁安装完成后涂刷最后一道面漆，根据工艺要求进行油漆作业，保证油漆的厚度和附着力。

钢梁的主要施工方法有支架或膺架法施工、半悬臂法施工、悬臂法施工、吊索塔架辅助施工、顶推施工等。吊索塔架拉索由单层拉索或多层拉索组成，一般不超过三层。采用起顶吊索塔架进行拉索的方法施工时，施工速度较快；采用千斤顶逐根张拉的方法施工时，速度较慢。

钢梁杆件进场后，应进行复核检查。钢梁拼装施工中，先安装杆件不应影响后安装杆件的安装，杆件应尽快闭合形成稳定结构。为保证钢梁安装线形，杆件拼装时应保持相对自由状态，应保证冲钉的质量和数量，应均匀分布冲钉，一般从钉群中心向外施拧高强螺栓。应采用初拧和终拧工艺使高强螺栓轴向力更均匀。钢梁预拼场地、各类台座应满足施工要求，防止预拼场地积水。应提前组织钢梁架设设备及工具，做好相关检验，防止在安装和使用中出现问题，影响施工进度。组图 5.2.10 为钢桁梁施工。

图 5.2.10—1 散拼节点

图 5.2.10—2 节点临时连接细节

图 5.2.10—3 整体节点

图 5.2.10—4 整体节点

图 5.2.10—5 整体节点构造

图 5.2.10—6 墩顶布置及临时安装杆件

图 5.2.10—7 整体桥面板细节

图 5.2.10—8 伸缩纵梁细节

图 5.2.10—9(1) 支架法施工

图 5.2.10—9(2) 半悬臂施工

图 5.2.10—9(3) 悬臂施工

图 5.2.10—9(4) 吊索塔架辅助施工

图 5.2.10—9(5) 单层索吊索塔架悬臂施工

图 5.2.10—9(6) 斜拉索锚箱细节

图 5.2.10—9(7) 合龙杆件及顶拉装置

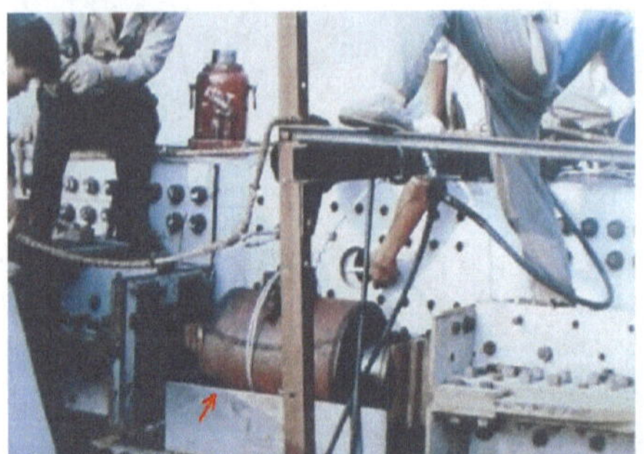

图 5.2.10—9(8) 合龙点千斤顶

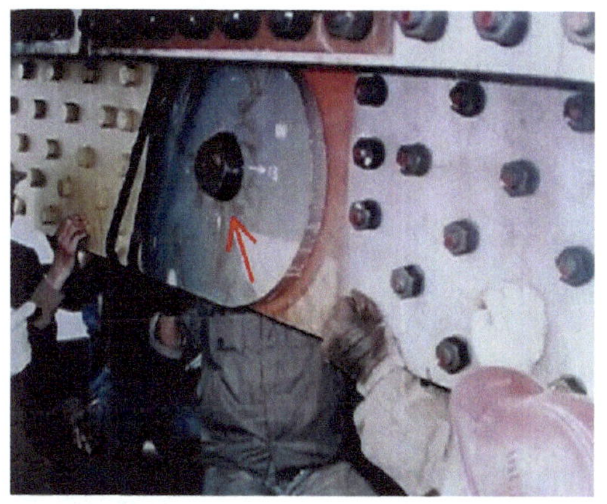
图 5.2.10—9(9) 合龙施工

图 5.2.10—9(10) 合龙施工

图 5.2.10—9(11) 墩顶纵、横移设备

图 5.2.10—9(12) 施工期交通、运输道

图 5.2.10—10(1) 合龙段下弦杆件

图 5.2.10—10(2) 合龙段上弦杆件

图 5.2.10—10(3)　合龙顶推装置

图 5.2.10—10(4)　合龙顶推装置

图 5.2.10—10(5)　合龙施工

图 5.2.10—11(1)　钢桁拱拼装

图 5.2.10—11(2)　钢桁拱拼装

图 5.2.10—11(3)　钢桁拱拼装

图 5.2.10—11(4)　合龙索

图 5.2.10—11(5) 钢桁拱拼装

图 5.2.10—11(6) 钢桁拱拼装

图 5.2.10—12(1) 提升站

图 5.2.10—12(2) 压重

图 5.2.10—13(1) 横向滑移换梁施工

图 5.2.10—13(2) 横向滑移换梁施工

图 5.2.10—14 顶推施工，支点设置在纵梁下

图 5.2.10—15 墩旁托架改善悬臂受力

图 5.2.10—16 悬臂施工

图 5.2.10—17 刚性拱柔性梁拼装

图 5.2.10—18 电动扳手

图 5.2.10—19 电动扳手标定

图 5.2.10—20 高强螺栓施拧

图 5.2.10—22 涂刷封闭底漆

图 5.2.10—21 高强螺栓施拧质量检查

拱 桥 施 工

拱轴线受压是拱桥的主要结构特点。拱桥结构充分利用材料的抗压性能。在古代，拱桥是一种大跨度桥梁结构。采用外力平衡拱轴线内力时，一般设置较强大的拱座以抵抗其水平分力和竖向分力。当为多跨连续拱桥时，某一孔的坍塌可能造成整座桥的坍塌。采用拱桥体系的内力平衡拱轴线内力时，一般设置拉杆或拉索或桥面结构平衡拱轴的水平分力，也称系杆拱桥，拱座主要承受竖向分力。

6.1 拱桥的结构形式

拱桥结构形式多样，有单孔或多孔拱桥，有上承式、中承式、下承式或其组合等形式拱桥。当桥面位于拱顶之上时，称为上承式拱桥；当桥面位于拱顶与拱趾之间时，称为中承式拱桥；当桥面位于拱趾之上时，称为下承式拱桥。中、下承式拱桥结构一般设置吊杆。吊杆一般采用柔性吊杆（钢丝束配镦头冷铸锚或钢绞线配夹片锚），较少使用刚性吊杆（钢或钢筋混凝土）。当拱轴线内倾时，也称提篮式拱桥；当拱轴线外倾时，也称蝶形拱桥。

拱桥有石拱桥、混凝土预制块拱桥、钢筋混凝土拱桥、钢管拱桥、钢箱拱桥、桁架式拱桥等。石拱桥、混凝土预制块拱桥一般适用于小跨度拱桥；钢筋混凝土拱桥一般适用于中等跨度拱桥；钢管拱桥、钢箱拱桥、桁架式拱桥一般适用于大跨度拱桥。早期的钢管拱轴线一般为折线，随着制造工艺的提高，目前一般为弧线。

拱桥是一种美丽的桥梁结构形式。组图 6.1 为各种拱桥。

图 6.1—1 拱桥

图 6.1—2 拱桥

图 6.1—3 拱桥

图 6.1—4 拱桥

图 6.1—5 拱桥

图 6.1—6 拱桥

图 6.1—7 拱桥

图 6.1—8 拱桥

图 6.1—9 拱桥

图 6.1—10 拱桥

图 6.1—11 拱桥

图 6.1—12 拱桥

图 6.1—13 拱桥

图 6.1—14 拱桥

图 6.1—15 双曲拱桥

图 6.1—16 钢桁拱桥

图 6.1—17 钢桁拱桥

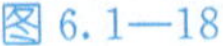
图 6.1—18 拱桥

图 6.1—19 拱桥

图 6.1—20 拱桥

图 6.1—21 拱桥

图 6.1—22 拱桥

图 6.1—23 斜腿刚构桥

图 6.1—24 斜腿刚构桥

图 6.1—25 刚性拱柔性梁桥

图 6.1—26 提篮拱桥

图 6.1—27 拱桥

图 6.1—29 拱桥

图 6.1—28 刚性梁柔性拱桥

图 6.1—30 拱桥

图 6.1—31 系杆拱桥

图 6.1—32 提篮拱桥

图 6.1—33  拱桥

图 6.1—35 拱桥

图 6.1—37 拱桥

图 6.1—39 系杆拱桥

图 6.1—34 钢桁拱桥

图 6.1—36 拱桥

图 6.1—38 拱桥

图 6.1—40 拱桥

图 6.1—41 拱桥

图 6.1—42 拱桥

图 6.1—43 拱桥

图 6.1—44 拱桥

图 6.1—45 拱桥

图 6.1—46 拱桥

图 6.1—47 拱桥

图 6.1—48 拱桥

图 6.1—49 拱桥

图 6.1—50 拱桥

图 6.1—51 拱桥

图 6.1—52 拱桥

图 6.1—53 拱桥

6.2 拱桥施工

拱桥施工方法主要有支架法施工、吊索塔架辅助施工、悬拼或悬浇施工、转体施工（竖向或水平向）、浮运施工、整体吊装等。在施工过程中应进行结构内力、位移监测和控制。一般情况下，拱轴应处于均匀受压状态，在拱支架拆除、辅助吊索拆除、钢管拱压浆等施工阶段，应均衡作业，严格监控。从混凝土配合比设计、混凝土质量控制、注浆工艺等方面保证钢管拱注浆饱满密实，落实从拱趾向拱顶注浆、接高出浆口增加压力、设置混凝土回流阀等工艺措施，其他施工质量控制见第 5 章。

6.2.1 支架法施工

跨度较小、拱顶至地面较低的拱桥及石拱桥施工中，一般采用支架法施工。在支架法施工中应做好地基处理、排水及支架预压，防止支架出现超预期沉降。支架应满足强度、刚度及稳定性要求，并设置必要的预拱度。由于以拱轴线受压为拱桥的主要结构特点，施工中应避免拱轴线出现超预期拉力，在支架卸载时，应从跨中对称、均匀卸载，不合理的卸载工序可能造成拱桥垮塌。小跨度拱桥也可采用土模基座施工。组图 6.2.1 为支架法施工图片。

图 6.2.1—1 支架法施工

图 6.2.1—2 支架法施工

图 6.2.1—3 支架法施工

图 6.2.1—4 支架法施工

图 6.2.1—5 支架法施工

图 6.2.1—6 支架法施工

图 6.2.1—7 支架法施工

图 6.2.1—8 支架法施工

6.2.2 吊索塔架辅助施工及悬臂施工

在桥梁位于深水、深壑、峭壁等区域，拱桥跨径大、拱顶高，要求河道通航等施工条件下，可以采用吊索塔架辅助施工方法进行拱桥施工。采用吊索塔架进行拱桥施工时，一般设置缆索吊机配合施工。

施工时可以采用单吊点缆索吊机或多吊点缆索吊机。当吊重较轻时，可采用单吊点缆索吊机，通过在塔顶横向移动承重索调整吊点的横向位置；当吊重较重时，可采用多吊点缆索吊机，如果需要，通过在塔顶横向移动多吊点缆索吊机承重索调整吊点的横向位置。

缆索吊机主要由主塔、承重索、起重索、吊点纵向移动索等组成，在缆索吊机投入使用前应进行缆索吊机的试吊、验收；缆索吊机使用中应定期、不定期进行缆索吊机的检查和维护。

缆索吊机吊点位于索塔附近时，吊点附近承重缆索坡度较大。缆索吊机设计中，应注意吊点在索塔附近时的爬坡能力；索塔设计中除考虑压杆局部稳定外，应检算索塔的整体稳定性。目前，缆索吊机的最大跨度已达到 400 m 以上、最大起重量已达到 400 t 以上。组图 6.2.2 为采用吊索塔架辅助施工的方法及悬臂施工等方法。

图 6.2.2—1 吊索塔架辅助施工

图 6.2.2—2 吊索塔架辅助施工

图 6.2.2—3 吊索塔架辅助施工

图 6.2.2—4 吊索塔架辅助施工

图 6.2.2—5 吊索塔架辅助施工

图 6.2.2—6 吊索塔架辅助施工

图 6.2.2—8 悬浇施工

图 6.2.2—7 悬浇施工

图 6.2.2—9　悬浇施工

图 6.2.2—10(1)　悬拼施工

图 6.2.2—10(2)　悬拼施工

图 6.2.2—11　悬拼施工

图 6.2.2—12　悬拼施工

6.2.3 转体施工

拱桥的转体施工方法主要有竖向转体施工、水平转体施工以及竖向和水平组合转体施工。目前转体重量已达到万吨级别。转体施工中应保证转体的稳定，转体设备的能力应满足要求。水平转体的底座应具有足够的刚度，转体过程中不得出现超标准的沉降；转体滑动面应采用动/静摩擦系数相近的材料，防止在转动过程中出现明显的颤动；承重球应圆顺，防止转体过程中出现明显的不均匀受力。除了在开始转体前进行必要的检算、试验、检查外，转体启动后应暂停适当的时间，对转体进行全面的检查、复核，确保转体施工的安全。组图6.2.3为拱桥的转体施工。

图 6.2.3—1(1) 竖向转体施工

图 6.2.3—1(2) 竖向转体施工

图 6.2.3—1(3) 竣工状态

图 6.2.3—2 竖向转体施工

图 6.2.3—3(1) 竖向加水平转体施工

图 6.2.3—3(2) 竖向加水平转体施工

图 6.2.3—3(3) 滑道

图 6.2.3—3(4) 动力设备

图 6.2.3—4 竖向转体施工

图 6.2.3—5(1) 水平转体施工

图 6.2.3—5(2) 水平转体施工

图 6.2.3—5(3) 水平转体施工

图 6.2.3—5(4) 转体底座

图 6.2.3—5(5) 动力设备

图 6.2.3—5(6) 滑道

图 6.2.3—6 水平转体施工

图 6.2.3—7 水平转体施工

图 6.2.3—8 水平转体施工

6.2.4 浮运施工

拱桥浮运施工速度快、安全性好，当环境条件、起重能力等许可时，可采用浮运施工。浮运施工中，可以采用在浮船上拼装拱桥主体或采用在岸上拼装拱桥主体再移动到浮船上浮运安装的方法。施工中应保证浮体的整体稳定性、船体的总体及局部承载能力、拖轮动力、浮体锚碇能力、精确就位措施、设备提升能力等满足要求。组图 6.2.4 为拱桥的浮运施工。

图 6.2.4—1 浮运吊装施工

图 6.2.4—2 浮运吊装施工

6.2.5 其他施工方法

在设计许可的情况下，可以先安装拱肋的劲性骨架，再施工拱肋的其他部分。

拱桥设计时，应进行所有施工控制工况的计算分析，施工前应制定周详的施工方案，施工过程中应均布加载，加强监测。组图 6.2.5 为先拱肋骨架、后拱肋其他部分的施工方法。

图 6.2.5—1(1) 拱肋骨架安装

图 6.2.5—1(2) 拱肋施工

图 6.2.5—2 先施工劲性骨架后浇筑混凝土

图 6.2.5—3 先施工劲性骨架后浇筑混凝土

6.2.6 桥面施工

拱肋施工完成后的拱桥桥面施工相对容易，一般可以采用缆索吊机、架桥机、支架等梁式桥施工方法进行。组图 6.2.6 为拱桥桥面施工。

图 6.2.6 吊装施工

7 斜拉桥施工

随着材料科学的发展，钢丝的抗拉强度越来越高，充分利用钢丝高强度特性的斜拉桥结构形式也越来越广泛地被采用。目前，斜拉桥经济跨度在 300～500 m，最大跨度达 1 000 m 以上。与梁式桥、拱桥相比，斜拉桥结构可以达到更大的合理跨径；与悬索桥相比，斜拉桥具有更大的竖向、横向刚度，更能满足列车的运行要求。

7.1 斜拉桥的结构形式

斜拉桥的结构形式有独塔、双塔或多塔斜拉桥；塔的形式有 A 形、倒 V 形、H 形、双柱形、单柱形、门形、斜腿门形、倒 Y 形等，塔身一般为钢筋混凝土或钢塔柱；索的分布形式有单索面、双索面、三索面等，宽桥面斜拉桥不宜采用单索面，以免产生较大的剪滞影响；索的布置形式有辐射形、竖琴形、扇形、星形等；梁的形式有钢筋混凝土实心梁、钢筋混凝土箱梁、钢箱梁、钢桁梁、结合梁等。

根据墩、塔、梁连接方式的不同，有梁体支撑于墩顶的墩塔固结、梁体为悬浮结构（不设置竖向支座）的墩塔固结、墩塔梁固结、塔梁固结（梁体支撑于墩顶）等结构形式。组图 7.1 为各种形式的斜拉桥。

图 7.1—1

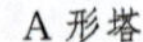
A 形塔

图 7.1—2 双柱形塔

图 7.1—3 H 形塔

图 7.1—4 倒 Y 形塔

图 7.1—5 扇形索面

图 7.1—6 斜拉桥

图 7.1—7 斜拉桥

图 7.1—8 斜拉桥

图 7.1—9 斜拉桥

图 7.1—10 斜拉桥

图 7.1—11 斜拉桥

图 7.1—12 斜拉桥

图 7.1—13 斜拉桥

图 7.1—14 矮塔斜拉桥

图 7.1—15 斜拉桥

图 7.1—16 斜拉桥

图 7.1—17 斜拉桥

图 7.1—18 斜拉桥

图 7.1—19 斜拉桥

图 7.1—20 三塔斜拉桥

图 7.1—21 竖琴形索面独塔斜拉桥

图 7.1—22 独塔斜拉桥

图 7.1—23 独塔斜拉桥

图 7.1—24 独塔斜拉桥

图 7.1—25 辐射形索面独塔斜拉桥

图 7.1—26 独塔斜拉桥

图 7.1—27 独塔斜拉桥

图 7.1—28 独塔斜拉桥

图 7.1—29 独塔斜拉桥

图 7.1—30 无背索独塔斜拉桥

图 7.1—31 独塔斜拉桥

图 7.1—32 独塔斜拉桥

图 7.1—33 独塔斜拉桥

图 7.1—34 独塔斜拉桥

图 7.1—35 独塔斜拉桥

图 7.1—36 独塔斜拉桥

图 7.1—37 独塔斜拉桥

图 7.1—38 独塔斜拉桥

图 7.1—39 斜拉桥

7.2 斜拉桥索塔施工

索塔是斜拉桥的重要组成部分，应结合索塔的结构形式确定索塔的施工方法。对于钢筋混凝土索塔，一般采用翻模或爬模现场浇筑的方法施工；对于钢索塔，一般采用工厂预制、现场吊装的方法施工，由于索塔承受较大的轴向压力，一般要求钢索塔的连接部分采用磨光顶紧，制造要求比较高；对于斜塔，可采用水平状态成型后竖转就位，也可采用竖直状态成型后竖转就位的方法施工；对于特殊形式的索塔，可采用支架法施工。

索塔施工中，一般设置塔式吊机辅助施工。塔式吊机可以利用自身的吊点接高或降低。为了保证塔式吊机的稳定，当塔式吊机自由高度超过设备技术要求时，应设置附着设施以减少其自由高度。当塔式吊机高度不能满足施工需要时，可以在索塔横梁上再布设吊机，也可以采用爬升吊机。

应考虑吊点覆盖范围及起吊能力、吊机的安装与拆除方案、吊机的安全性等因素布置塔式吊机的位置。一般情况下，塔式吊机宜布置在索塔的下游侧，以防止水中漂流物的撞击；塔式吊机宜布置在非通航孔侧，以防止船舶的撞击。应有预防措施防止塔式吊机附着较多的漂流杂物。当漂流杂物附着于塔式吊机时，应及时清理。为保证设备安全，塔式吊机安装完成后，应进行试吊或取证工作。

在斜塔柱施工中，为方便钢筋、拉索套筒、模板等定位，为满足灌筑混凝土过程中模板受力的需要，一般情况下，塔身内设置劲性骨架。为保证拉索内钢丝或钢绞线均匀受力，提高拉索的抗疲劳能力，应保证拉索套筒的安装精度。

索塔的结构形式多样，线形复杂，塔身较高，测量视线较差，索塔变形受混凝土收缩徐变、基础沉降、昼夜温度变化、日偏照、风力等影响，索塔施工测量难度大，技术要求高，施工中应保证测量精度。应在人员配置、仪器配备等方面保证施工测量的需要，并加强复测工作。

在混凝土索塔施工中，应在混凝土配合比设计、产量、输送、浇筑、振捣、养护等方面制定相应措施，保证施工质量。混凝土泵送设备应能满足施工需要。确定混凝土泵送设备型号时，应考虑泵送压力、泵送量、工作稳定性，泵管宜设置防止混凝土回流的阀门。

当塔身较高时，宜布设人货两用电梯以方便人员上下及小型工具运输。应定期进行电梯的检查和维修，按照相关规定使用电梯。

在索塔施工过程中，应保证结构、设备、施工作业、交通、消防、防雷击等安全工作。组图 7.2 为索塔施工。

图 7.2—1(1) 索塔施工

图 7.2—1(2) 索塔施工

图 7.2—1(3) 索塔施工

图 7.2—1(4) 索塔施工

图 7.2—1(5) 塔吊臂杆部分拆除后下降

图 7.2—2 索塔施工

图 7.2—3(1) 索塔施工

图 7.2—3(2) 索塔施工

图 7.2—3(3) 控制拉索套筒安装精度

图 7.2—3(4) 水上混凝土工厂供应混凝土

图 7.2—4 索塔施工

图 7.2—5 索塔施工

图 7.2—6 索塔施工

图 7.2—8 索塔施工

图 7.2—7 索塔施工

图 7.2—9 索塔施工

图 7.2—10 索塔施工

图 7.2—11 索塔施工

图 7.2—12(1) 钢索塔吊装

图 7.2—12(2) 钢索塔吊装

图 7.2—13 钢索塔吊装

7.3 斜拉桥主梁施工

斜拉桥主梁形式主要有预应力混凝土实心梁、预应力混凝土箱梁、钢箱梁、钢桁梁、结合梁等。与梁式桥的施工方法相似，斜拉桥主梁的施工主要有悬臂浇筑、悬臂拼装、支架现浇或拼装、顶推、转体、浮运吊装等施工方法。

梁式桥悬臂浇筑施工中，挂篮为悬臂结构，为减轻挂篮的重量以减少梁体最大悬臂时墩顶处梁体的弯矩和剪力，悬臂浇筑节段长度一般为 3.5～5 m，重量在 100～150 t 之间。斜拉桥悬臂浇筑施工中，可以用拉索支撑挂篮前端——即通常所说的牵索挂篮，挂篮可以设计为简支或连续结构，采用牵索挂篮可以明显地减少挂篮的重量和变形量。根据索距布置，节段长度一般为 6～8 m。当每组索与梁体的交角不相同时，一般情况下，挂篮前端设计为弧形以适应交角的变化。由于斜拉索的作用，挂篮前端在承受拉索的竖向分力的同时，还承受拉索的水平分力，因此牵索挂篮应设置剪力键以抵抗此水平分力。牵索挂篮的其他结构与梁式桥悬臂浇筑挂篮结构相似。

采用牵索挂篮的混凝土浇筑施工中，一般要求在混凝土初凝时间内完成混凝土浇筑，以防止混凝土出现裂纹；一般从挂篮前端往后端浇筑混凝土，以减少节段衔接处混凝土质量受挂篮变形的影响程度；如果在混凝土浇筑过程中需分阶段调整索力，应按照详细的工艺要求进行施工；与索塔施工相同，应准确有效地固定拉索套筒或其他预埋件，在混凝土浇筑过程中不应使拉索套筒或其他预埋件发生移位；由于节段较长，暴露在空气中的节段顶板混凝土面积较大，应安排好混凝土收浆工作，加强混凝土的养护；为防止因温度、湿度差异等原因使现浇段混凝土与已浇段混凝土之间产生较大的收缩差异而产生裂纹，宜同时进行现浇段混凝土和相邻的已浇段混凝土的养护。

索力的调整与控制是斜拉桥施工的技术难点和要点，决定着斜拉桥的线形、内力、索力分布能否满足设计要求。在施工各阶段应严格监控索力，当出现问题时，施工、监理和监控、设计、建设方应积极配合，及时解决相关问题。

斜拉桥合龙时的锁定装置应能满足受力要求，锁定内力主要包括昼夜温差、风力、荷载变化等产生的内力。对于预应力混凝土梁斜拉桥，合龙段混凝土强度等级宜比梁体混凝土强度等级高一个级别，宜在温度较低、温度变化较小的时间段进行混凝土浇筑。其他施工要点请参考第 5 章。组图 7.3—1 为预应力混凝土斜拉桥主梁悬臂浇筑施工。

图 7.3—1(1) 主梁 0 号段施工

图 7.3—1(2) 主梁 0 号段施工

图 7.3—1(3) 挂篮细节

图 7.3—1(4) 挂篮细节

图 7.3—1(5) 挂篮前锚固点细节

图 7.3—1(6) 挂篮安装

图 7.3—1(7) 悬臂浇筑施工

图 7.3—1(8) 悬臂浇筑施工

与梁式桥悬臂拼装工艺相似，斜拉桥悬臂拼装前，应进行节段拼接面清理；对于预制混凝土节段，除非有大的缺陷，一般不宜在拼装前进行修补以保持匹配面的匹配状态，防止修补时可能发生的凸出部分在拼装时产生过大的局部压力；应周密地考虑预制节段运输到位的方案；拼装时应保持拼装节段与已装节段的位置相对固定；采用环氧材料拼接时，应保证填充饱满，并保证在胶拼材料固化过程中拼接面具有要求的预压力；采用焊接拼装时，应采取措施降低风、湿度、温度的影响，保证焊接质量；采用高强度螺栓拼接时，摩擦面不应受到损伤；应制定相应工艺，确定冲钉数量、初拧扭矩、终拧扭矩、施拧顺序等，保证螺栓的施拧质量；拼装过程中应及时调整梁体线形。组图 7.3—2 为斜拉桥主梁悬臂拼装施工。

图 7.3—2(1) 悬臂拼装

图 7.3—2(2) 悬臂拼装

图 7.3—2(3) 悬臂拼装

图 7.3—2(4) 悬臂拼装

图 7.3—2(5) 悬臂拼装

图 7.3—2(6) 悬臂拼装

图 7.3—2(7) 悬臂拼装

在非通航河道、桥梁净空较低的条件下，可以采用满铺支架的施工方法进行节段现浇施工或预制节段的拼装。应保证支架的安全与稳定。组图 7.3—3 为斜拉桥主梁支架法施工。

图 7.3—3(1) 支架法施工

图 7.3—3(2) 支架法施工

主梁为钢桁梁的斜拉桥，可以采用单根杆件逐步拼装的方法施工，也可以采用整体节段逐步拼装的方法施工。采用单根杆件拼装方法施工时，施工周期长；采用整体节段拼装方法施工时，设备能力要求高。组图 7.3—4 为斜拉桥主梁拼装施工。

图 7.3—4(1) 钢桁梁拼装

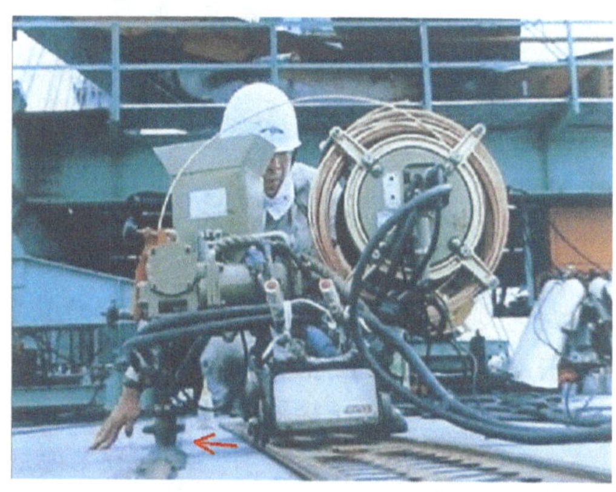

图 7.3—4(2) 桥面板焊接

一般采用水平转体施工方法进行斜拉桥的转体施工。当为稀索小跨斜拉桥时，如果必要，也可以采用竖向转体施工方法进行斜拉桥施工。组图 7.3—5 为斜拉桥转体施工。

图 7.3—5(1) 水平转体施工

图 7.3—5(2) 水平转体施工

图 7.3—5(3) 转体施工配重

7.4 斜拉桥拉索制作与安装

斜拉桥拉索主要采用高强钢丝索、钢绞线和其他刚性索。高强钢丝直径一般为 5～7 mm，以 7 mm 更常见，其标准抗拉强度为 1 570～1 860 MPa。根据设计要求考虑每根索的钢丝数量。为方便索的盘整、运输，索内钢丝有适当扭角。钢绞线直径一般为 12～15 mm，一般情况下，每根钢绞线均有防护层。为降低风、雨振的影响，部分新型斜拉索防护层表面布置了螺旋线或凹坑。

采用高强钢丝的斜拉索锚具一般为冷铸镦头锚，采用钢绞线的斜拉索锚具一般为夹片锚。张拉端锚具一般设置螺母以调整索长。

斜拉索是斜拉桥结构的重要组成部分，应确保斜拉索的制造、安装质量，批量制作前应进行斜拉索制作工艺试验。应有效地保护成品索，安装过程中不应损伤斜拉索的保护层，不能使索产生非弹性变形而降低索的性能。

高强钢丝斜拉索在工厂整体制作，运输、吊装设备能力要求较高。高强钢丝斜拉索在现场整索安装，更换时需整索更换。高强钢丝斜拉索采用冷铸镦头锚，锚固及防护质量更有保证，索内钢丝的受力更均匀；钢绞线斜拉索在现场根据需要长度逐根下料、逐根安装，运输、吊装设备能力要求较低，施工中出现损伤时可逐根更换。钢绞线斜拉索采用夹片锚，锚固质量和每组索的钢绞线受力均匀性受施工质量控制。

斜拉索安装过程中，应监测其索力，并与伸长量进行双控。可以通过调整螺母来调整索力。特殊情况下需放张钢绞线斜拉索时，被夹片锚固过的钢绞线宜更换，以防止因夹片造成的损伤降低其抗疲劳性能。

由于斜拉索锚具螺母的调节范围有限，安装过程中一般均配置牵引杆。应保证牵引杆的受力在容许范围内，避免超张拉。

图 7.4—1(1) 放索及索道

为提高斜拉索抗振性能，在斜拉索两端均布置减震装置。应保证减震装置的安装质量。为提高斜拉索的使用寿命，应保证斜拉索防护、封闭等作业的质量。组图 7.4—1 为高强钢丝斜拉索的

制造、安装，组图 7.4—2 为钢绞线斜拉索的制造、安装。

图 7.4—1(2) 吊具细节

图 7.4—1(3) 下锚固端牵引

图 7.4—1(4) 吊具细节

图 7.4—1(5) 下锚固端安装

图 7.4—1(6) 下锚固端安装

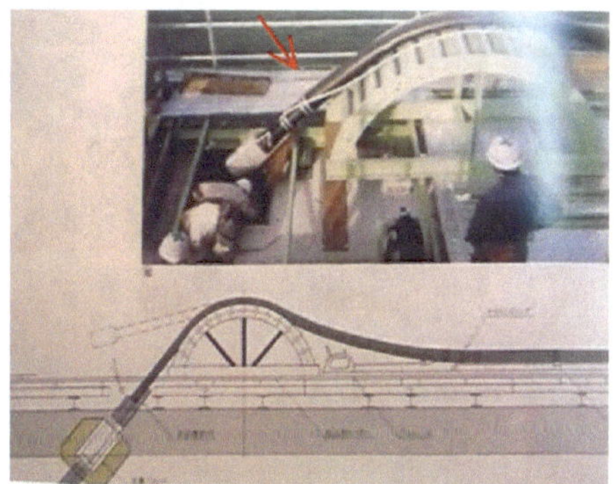

图 7.4—1(7) 下锚固端安装

图 7.4—1(8) 牵引杆

图 7.4—1(9) 牵引杆

图 7.4—1(10) 上锚固端安装

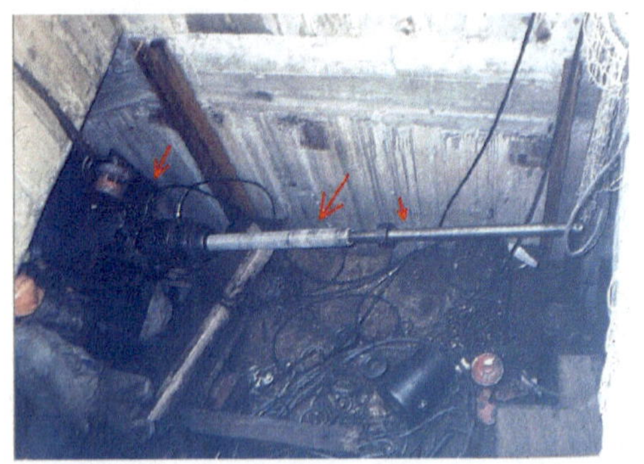

图 7.4—1(11) 上锚固端牵引杆及张拉千斤顶

图 7.4—1(12) 上锚固端张拉

图 7.4—1(13) 上锚固端安装

图 7.4—1(14) 减震装置

图 7.4—1(15) 索力测试

图 7.4—1(16) 冷铸镦头锚

图 7.4—2(1) 锚具

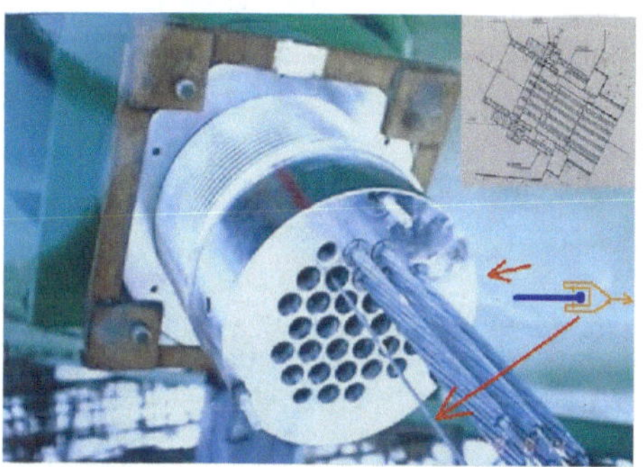

图 7.4—2(2) 穿索及锚具

图 7.4—2(3) 斜拉索细节

图 7.4—2(4) 初张拉

图 7.4—2(5) 整体张拉

图 7.4—2(6) 斜拉索安装

图 7.4—2(7) 减震器安装

图 7.4—2(8) 斜拉索下料、安装

图 7.4—2(9) 安装完成后的斜拉索

整体钢绞线斜拉索安装

图 7.4—2(10) 整体钢绞线斜拉索安装

7.5 其 他

组图 7.5 为斜拉桥施工的其他图片。

图 7.5—1 刚性斜拉索安装

图 7.5—2 防腐作业

图 7.5—3 防腐作业

图 7.5—4 钢箱梁斜拉桥合龙施工

图 7.5—5 风洞设备

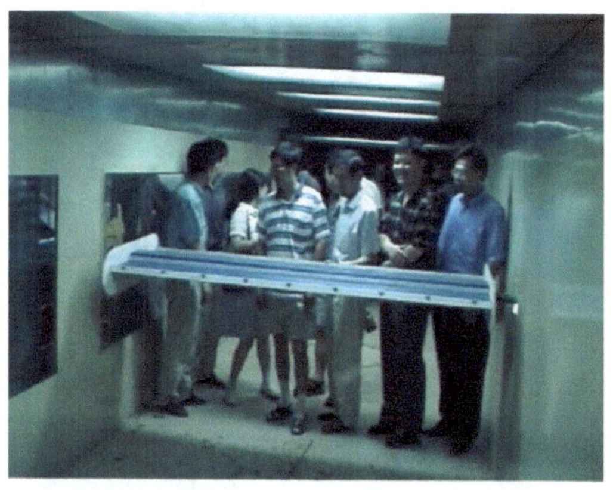

图 7.5—6 风洞内部

悬索桥施工

悬索桥结构是跨度最大的桥梁结构。在基础施工困难的水域或沟壑地区，悬索桥可以一跨跨越。由于横向、竖向刚度相对较弱，铁路桥梁中未采用悬索桥结构。

8.1 悬索桥的结构形式

现代悬索桥跨度一般在 600 m 以上，主要由索塔、锚碇、主缆、吊索、加劲梁组成。小跨度悬索桥可以采用自锚方式，不设置体外锚碇，一般采用支架法施工。组图 8.1 为悬索桥。

图 8.1—1　自锚式悬索桥，用墩顶实心段压重

图 8.1—2　自锚式悬索桥，梁体承受轴向压力

图 8.1—3　悬索桥，锚碇承受主缆索力

图 8.1—4　悬索桥

图 8.1—5 悬索桥

图 8.1—6 悬索桥

图 8.1—7 悬索桥

图 8.1—8 悬索桥

图 8.1—9 悬索桥

图 8.1—10 悬索桥

图 8.1—11 悬索桥

图 8.1—12 悬索桥

图 8.1—13 悬索桥

图 8.1—14 悬索桥

图 8.1—15 悬索桥

图 8.1—16 悬索桥

图 8.1—17 悬索桥

图 8.1—18 悬索桥

图 8.1—19 悬索桥

图 8.1—20 悬索桥

图 8.1—21 悬索桥

图 8.1—22 悬索桥

图 8.1—23 悬索桥

图 8.1—24 悬索桥

图 8.1—25 悬索桥

图 8.1—26 悬索桥

图 8.1—27 悬索桥

图 8.1—28 悬索桥

图 8.1—29 悬索桥

图 8.1—30 悬索桥

图 8.1—31 悬索桥

图 8.1—32 悬索桥

图 8.1—33 悬索桥

图 8.1—34 悬索桥

图 8.1—35 悬索桥

图 8.1—36 悬索桥

8.2 悬索桥施工

现代悬索桥施工工序一般为主塔及锚碇施工→承重缆索施工→吊索安装→主梁施工。对于自锚式悬索桥一般采用支架法施工，施工工序为主塔施工→主梁施工→承重缆索施工→吊索安装。设计许可时，主梁也可采用悬臂等方法施工。

8.2.1 主塔及锚碇施工

悬索桥主塔施工方法与斜拉桥主塔施工方法相似。对于钢筋混凝土主塔，一般采用利用翻模或爬模进行现场浇筑的施工方法，斜塔柱施工中一般布置劲性骨架；对于钢主塔，一般采用预制吊装的施工方法。

安装在悬索桥塔顶的索鞍重量较大。大型索鞍可采用分块拼装的方式，应周密考虑安装措施。应按照设计要求并考虑安装温度等因素设置索鞍安装时的预偏量。其他施工工艺与支座安装相似，垫层建议采用补偿收缩自流平砂浆。组图 8.2.1 为悬索桥主塔、索鞍及锚碇施工。

图 8.2.1—1 主塔施工

图 8.2.1—2 主塔施工

图 8.2.1—3 索鞍安装

图 8.2.1—5 锚碇

图 8.2.1—4 索鞍安装

图 8.2.1—6 锚碇

图 8.2.1—7 锚碇

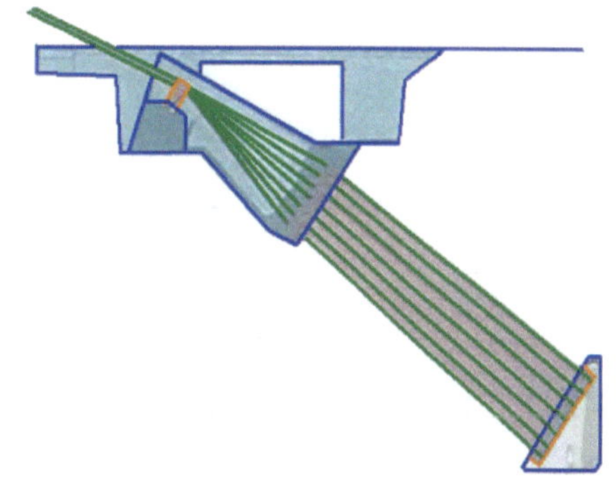

图 8.2.1—8 锚碇布置示意

图 8.2.1—9 锚碇施工

图 8.2.1—10 锚碇布置示意

8.2.2 牵引系统及猫道施工

主塔、锚碇施工完成后，先安装牵引系统（缆索吊机），利用牵引系统安装猫道。

猫道是悬索桥施工中的主要辅助设施之一，是安装缆索、索夹、吊索等的施工平台。猫道承重索一般采用钢丝绳，在承重索上铺设通道、栏杆、防护网等设施。为提高猫道的抗风能力，必要时大跨度猫道设置抗风缆。由于吊装加劲梁体时主缆发生较大的变形，为使猫道与主缆保持一定的距离以方便施工作业，在主缆及索夹安装完成后，猫道悬挂在主缆上，然后安装吊索、梁体等。组图 8.2.2 为牵引系统及猫道施工。

图 8.2.2—1 先导索渡江，也可用火箭等方式

图 8.2.2—2 先导索渡江

图 8.2.2—3(1) 猫道铺设

图 8.2.2—3(2) 猫道铺设

图 8.2.2—3(3) 猫道及猫道间通道

图 8.2.2—3(4) 猫道铺设

图 8.2.2—3(5) 猫道固定端细节

图 8.2.2—3(6) 猫道固定端细节

图 8.2.2—3(7) 猫道固定端细节

图 8.2.2—4(1) 猫道铺设

图 8.2.2—4(2) 猫道铺设

图 8.2.2—4(3) 猫道铺设

图 8.2.2—4(4) 猫道铺设

图 8.2.2—4(5) 猫道铺设

8.2.3 主缆及索夹安装

主缆是悬索桥的主要承重构件，其防腐及抗疲劳等性能直接决定桥梁的使用寿命。现代悬索桥主缆一般采用强度高、弹性模量高、空隙率低、防锈蚀能力强的镀锌高强度平行钢丝索。

主缆的施工一般采用预制平行索股法（PPWS 法）和空中纺丝法（AS 法）。预制平行索股法是在工厂制作平行索股，然后在工地安装索股的施工方法；空中纺丝法是利用牵引系统牵引纺轮，带着高强钢丝来回纺丝形成索股的施工方法。

基准索安装时应考虑温度等因素影响，准确安装，组成主缆的索股应受力均匀。施工中应保证紧索及防腐作业质量，注意保护主缆索，防止伤损主缆索。组图 8.2.3 为主缆及索夹安装，其中组图 8.2.3—1～4 为预制平行索股法施工，组图 8.2.3—5 为空中纺丝法施工。

图 8.2.3—1 主缆索股及细节

图 8.2.3—2(1) 主缆索股牵引

图 8.2.3—2(2) 主缆在猫道上牵引

图 8.2.3—2(3)　主缆在猫道上牵引

图 8.2.3—2(4)　主缆索股就位

图 8.2.3—2(5)　主缆索股牵引及就位

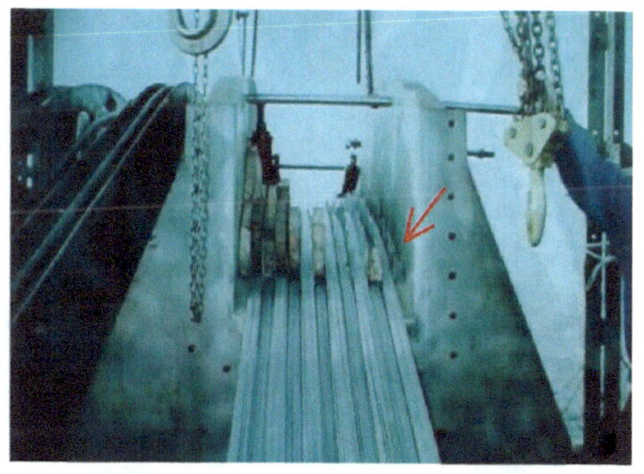

图 8.2.3—2(6)　主缆索股就位

图 8.2.3—2(7)　主缆索股就位

图 8.2.3—2(8)　锚碇端索股安装

图 8.2.3—2(9) 锚碇端索股安装

图 8.2.3—2(10) 锚碇端索股张拉及锚固

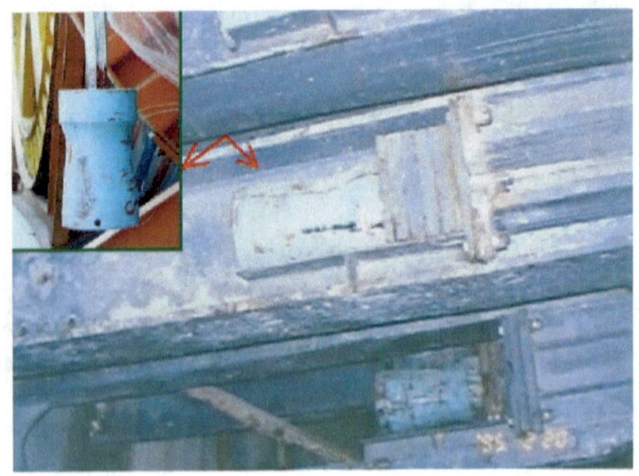
图 8.2.3—2(11) 锚碇端索股锚固

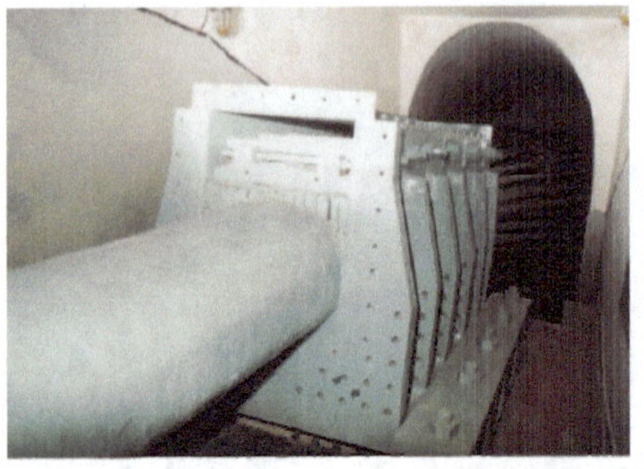
图 8.2.3—2(12) 锚碇端散索鞍

图 8.2.3—3(2) 主缆索股安装

图 8.2.3—3(1) 主缆索股安装

图 8.2.3—3(3) 主缆索股安装

图 8.2.3—3(4)　散索鞍

图 8.2.3—3(5)　主缆索股安装

图 8.2.3—3(6)　主缆预紧

图 8.2.3—3(7)　紧缆

图 8.2.3—3(8)　索夹安装

图 8.2.3—3(9)　索夹安装

图 8.2.3—3(10)　索夹安装

图 8.2.3—3(11) 索夹安装

图 8.2.3—3(12) 吊索安装

图 8.2.3—3(13) 吊索安装

图 8.2.3—3(14) 吊索安装

图 8.2.3—4 猫道支撑体系转换

图 8.2.3—5(1) 主缆 AS 法施工

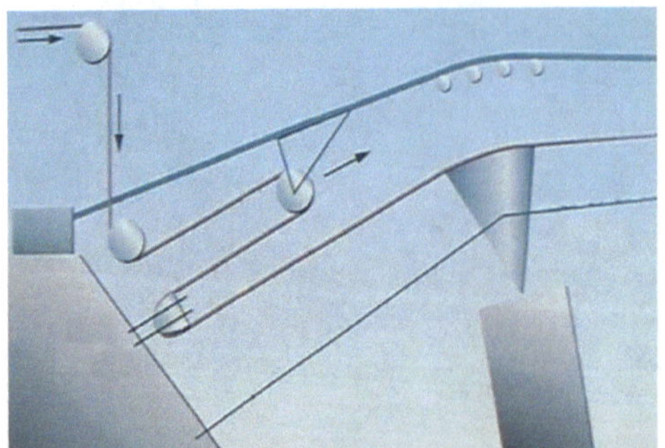

图 8.2.3—5(2) 主缆 AS 法施工示意

图 8.2.3—5(3) 纺丝

图 8.2.3—5(4) 纺丝

图 8.2.3—5(5) 锚固端

图 8.2.3—5(6) 索夹与吊索

8.2.4 主缆的防护

主缆涂装防护的基本工序为：主缆表面处理、涂刷底漆、涂刷封闭涂料、缠绕渡锌钢丝、涂刷底漆、涂刷封闭涂料、涂刷面漆。

缠丝机是主缆防护作业的主要设备，应保证缠丝紧密，一般采用由低到高的缠丝顺序，缠丝两端应良好固定，应保证固结焊点的质量。应选择有经验的作业队伍进行主缆防护作业，以保证施工质量。组图 8.2.4 为主缆防护作业。

图 8.2.4—1 涂刷封闭涂料

图 8.2.4—2  缠丝

图 8.2.4—3 缠丝

图 8.2.4—4 涂刷底漆

图 8.2.4—5 主缆防护

图 8.2.4—6 吊索防护

8.2.5 加劲梁体架设

加劲梁体架设可以从主塔开始或从跨中开始。架设方案应考虑设计细节及施工条件的限制，如果主塔附近的梁体运输、吊装困难，一般从主塔开始架设。

跨缆起重吊机是梁体吊装的主要设备。大部分跨缆吊机在起重时不具备走行能力。梁体施工中应保证航道的安全。组图 8.2.5 为梁体架设施工。

图 8.2.5—1(1) 梁体架设

图 8.2.5—1(2) 跨缆起重吊机

图 8.2.5—1(3) 吊点细节

图 8.2.5—1(4) 梁体架设

图 8.2.5—1(5) 吊索与梁体连接

图 8.2.5—1(6) 吊索细节

图 8.2.5—2(1) 梁体节段吊装

图 8.2.5—2(2) 梁体架设

图 8.2.5—2(3) 梁体架设

图 8.2.5—2(4) 梁体架设

图 8.2.5—4 梁体架设

图 8.2.5—3 梁体架设

图 8.2.5—5 梁体架设

图 8.2.5—6 梁体架设

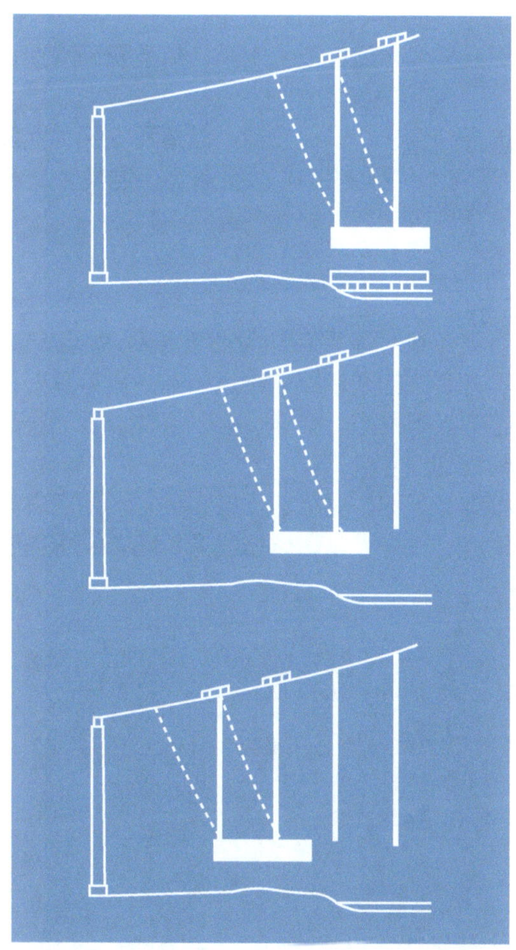

图 8.2.5—7(2) 运输困难部位梁体架设示意

图 8.2.5—7(1) 梁体架设

图 8.2.5—8 梁端伸缩缝

混凝土工程及其他

9.1 预应力混凝土梁预制

在桥梁结构中，广泛使用预应力混凝土梁。提高技术人员的技术水平、加强现场管理是提高预应力混凝土梁质量的重要手段。

预应力混凝土梁的预制施工包含预制场地的选择和建设，模板设计、制造和安装，钢筋绑扎，预应力体系的安装，预埋件的正确埋设，混凝土的拌制、输送和浇筑，混凝土的养护，预应力孔道的压浆与封端，预制梁体的运输、存放等。

9.1.1 预制场地布置

选择预制梁施工场地的基本原则：预制场地宜处于硬地基区域以减少基础处理工作量；场地的面积能满足需要，具有适当的扩建条件；具有良好的预制梁体出运条件；具有良好的材料运输、设备采购、员工生活等条件；具有良好的水电供应、交通、通讯条件；受气候影响小，生产条件好；具有良好的社会治安状况；预制的综合成本低。

预制场地设施包括预制台座、存梁台座、模板维修场地、钢筋加工绑扎场地、预应力体系加工存放场地、混凝土工厂及砂石料场、水泥库房、养护设备、起重设备、电力及给排水设施等。组图 9.1.1 为预制场地布置。

图 9.1.1—1 预制场地布置

图 9.1.1—2 预制场地布置

图 9.1.1—3　　预制场地布置

图 9.1.1—4　　预制场地布置

图 9.1.1—5　　预制场地布置

9.1.2 底模、侧模与内模

模板的设计、制造、安装质量直接影响预制梁体的生产效率和产品质量。模板设计时应考虑预拱度及梁体张拉后的收缩量；模板应具有足够的刚度，合适的分块尺寸和重量，应能够快捷地安装和拆除；对于交角小于 90°的部位，宜设置小圆弧，降低在拆模、移动、存放等过程中损坏梁体混凝土的可能性；宜选用相对不易锈蚀的冷轧钢板制作钢模板，厚度一般为 6～10 mm。模板制造时倒角应圆顺，棱角应顺直，不致在拆除模板时造成混凝土的损伤；钢模板制造时，应选择适当的电流防止模板产生明显的变形；模板表面应平整，没有锈斑和污渍；模板液压部件应活动灵敏，不漏油；使用胶合板制作模板时，应加强切面的防护，防止受潮变形。模板安装时应保证模板的尺寸，不应产生明显的错台，模板应连接牢固，防止跑模及接缝出现漏浆。

台座设计中应考虑预应力张拉后支点反力以及支点距离的变化，台座基础应适当处理，保持排水通畅，防止出现沉降。组图 9.1.2 为台座、底模、侧模、内模施工。

图 9.1.2—1(1)　　后张箱梁台座及钢筋绑扎

图 9.1.2—1(2)　　后张箱梁模板

图 9.1.2—1(3) 后张箱梁施工

图 9.1.2—2(1) 后张箱梁台座

图 9.1.2—2(2) 后张箱梁底模与侧模

图 9.1.2—2(3) 后张箱梁端模

图 9.1.2—2(4) 后张箱梁内模

图 9.1.2—2(5) 后张箱梁模板

图 9.1.2—3(1) 后张箱梁台座及底模

图 9.1.2—3(2) 后张箱梁活动底模

图 9.1.2—3(3) 后张箱梁侧模

图 9.1.2—3(4) 后张箱梁侧模

图 9.1.2—3(5) 底模与侧模密封条

图 9.1.2—3(6) 底模与侧模密封条

图 9.1.2—3(7) 后张箱梁内模

图 9.1.2—3(8) 后张箱梁内模

图 9.1.2—3(9) 后张箱梁内模吊装

图 9.1.2—3(10) 张拉前活动底模状态

图 9.1.2—3(11) 后张箱梁侧模纵移

图 9.1.2—3(12) 后张箱梁内模脱模

图 9.1.2—4 后张梁侧模

图 9.1.2—5 后张梁侧模

图 9.1.2—6 后张梁侧模

图 9.1.2—7 后张梁模板

图 9.1.2—8 胶合板

图 9.1.2—9 节段预制模板

图 9.1.2—10 节段预制模板

图 9.1.2—11 节段预制模板

图 9.1.2—12 气囊内模

图 9.1.2—13 气囊内模

图 9.1.2—14 气囊内模

图 9.1.2—15 内模

图 9.1.2—16 内模

图 9.1.2—17 内模

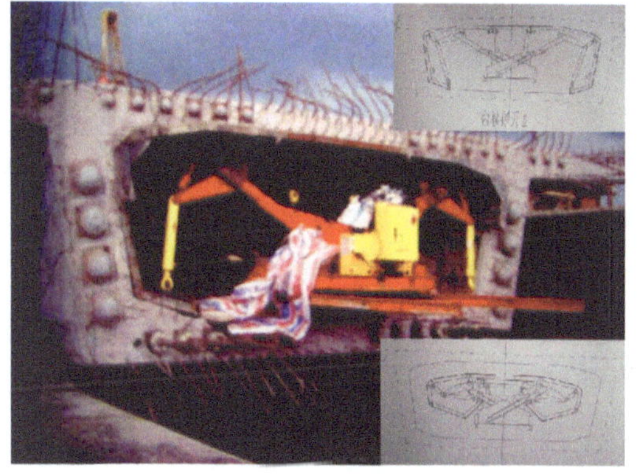

图 9.1.2—18 内模

图 9.1.2—19 内模

图 9.1.2—20 先张梁模板

图 9.1.2—21 先张梁模板

图 9.1.2—22 先张梁台座及模板

图 9.1.2—23 先张梁模板

9.1.3 钢筋工程

钢筋施工可以采用就地绑扎或预制吊装的方法进行。就地绑扎的方法降低了预制台座的利用率，需要较多的预制台座；预制吊装的方法钢筋就位速度快，可缩短梁体预制周期，提高预制台座的利用率。施工方法根据钢筋布置细节、起重能力、场地条件等确定。

钢筋的材质、型号、存放、下料、加工尺寸、除锈等应满足设计要求和施工规范要求；钢筋骨架应具有足够的整体性，具有符合要求的保护层厚度；为防止扎丝锈蚀后形成锈蚀通道，扎丝头部应背向模板；应及时修复环氧涂层钢筋损伤部位；钢筋的焊接、搭接、螺纹连接应符合规范要求。组图 9.1.3 为钢筋工程作业。

图 9.1.3—1(1)　钢筋绑扎台座布置

图 9.1.3—1(2)　底、腹板钢筋绑扎胎架

图 9.1.3—1(3)　底、腹板钢筋绑扎

图 9.1.3—1(4)　预应力管道安装

图 9.1.3—1(5)　底、腹板钢筋起吊

图 9.1.3—1(6)　底、腹板钢筋起吊

图 9.1.3—1(7) 底、腹板钢筋入模

图 9.1.3—1(8) 顶板钢筋绑扎

图 9.1.3—1(9) 内模就位后顶板钢筋入模

图 9.1.3—2(1) 钢筋绑扎胎架

图 9.1.3—2(2) 钢筋整体绑扎

图 9.1.3—2(3) 钢筋骨架起吊

图 9.1.3—2(4) 钢筋骨架入模

图 9.1.3—3 台座上绑扎钢筋

图 9.1.3—4 钢筋骨架吊装时临时加劲

图 9.1.3—5 环氧涂层钢筋

图 9.1.3—6 砂浆保护层垫块及印迹

图 9.1.3—7 砂浆保护层垫块及扎丝

图 9.1.3—8 各种塑料保护层垫块

图 9.1.3—9 砂浆保护层垫块及印迹，印迹明显时，宜增加垫块数量

图 9.1.3—10 圆形保护层垫块

图 9.1.3—11 保护层垫架

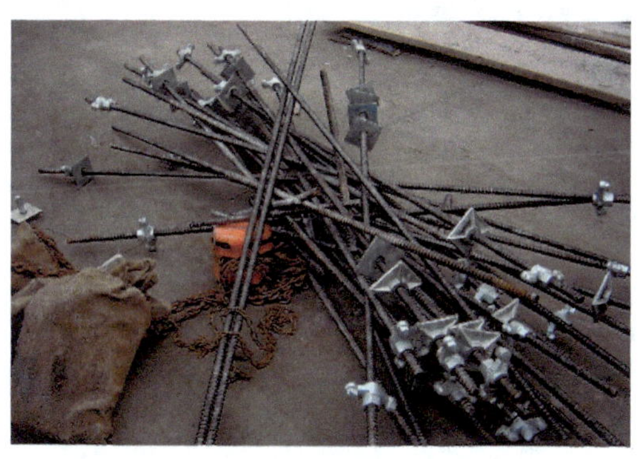

图 9.1.3—12 模板拉杆，应考虑长拉杆的变形引起模板变形

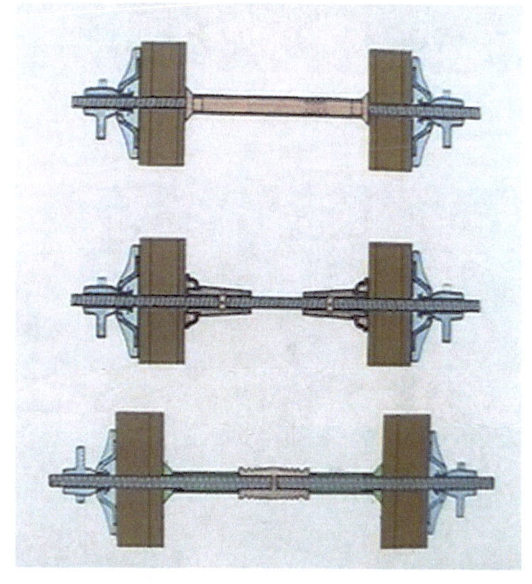

图 9.1.3—13 各种拉杆布置方式示意，建议采用第一种方式

9.1.4 预应力体系

预应力体系是预应力混凝土结构最重要的组成部分。预应力钢筋主要形式有：钢绞线、钢丝、精轧螺纹钢筋。钢绞线使用的锚具为夹片锚、挤压锚等，钢丝使用的锚具为弗式锚（锥型锚）、镦头锚等，精轧螺纹钢筋使用的锚具为螺母等。后张预应力管道的主要形式有：抽拔胶管、镀锌铁皮波纹管、塑料波纹管、高频焊管。不同管道的设计参数不同，应按照设计要求布置管道；不应采用波纹管道作为精轧螺纹钢筋的管道，以免产生过大的管道摩阻力。由于在松顶时夹片锚产生 6 mm 左右的回缩，减少了有效预应力值，长度较短的预应力钢筋一般不采用夹片锚。

形成管道的预埋件应具有足够的刚度和抗拉强度，应准确预埋、有效定位预应力管道，定位网的布置应满足要求，管道内宜布设支撑管件，避免在混凝土浇筑过程中形成波浪形管道而增加管道摩阻力，在管道安装、钢筋骨架吊装、混凝土浇筑等工序中不应损伤管道。应严格控制喇叭口安装精度，使预应力钢筋在喇叭口处不产生折角。施工前预应力体系中的部件应进行有效的检验。预应力张拉作业中，油管应连接牢固，作业人员不可站在千斤顶正前方，防止断丝等造成人员的伤害，应规范操作，注意安全。组图 9.1.4 为预应力体系相关资料。

图 9.1.4—1 镀锌铁皮波纹管定位及连接

图 9.1.4—2 镀锌铁皮波纹管及压浆管

图 9.1.4—3 镀锌铁皮波纹管及压浆管

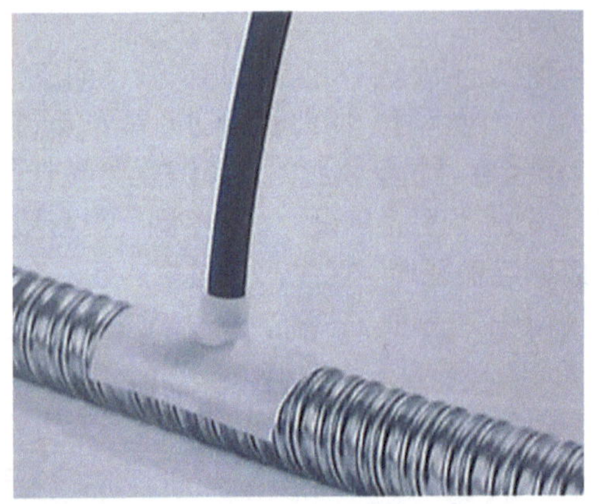

图 9.1.4—4 镀锌铁皮波纹管、压浆管连接

图 9.1.4—5 镀锌铁皮波纹管制造

图 9.1.4—6 塑料波纹管制造

图 9.1.4—7 塑料波纹管

图 9.1.4—8 抽拔胶管

图 9.1.4—9 抽拔胶管连接

图 9.1.4—10 管道支撑气囊，也可用 PVC 管或钢绞线

图 9.1.4—12 预应力钢绞线下料

图 9.1.4—11 高频焊接无缝钢管

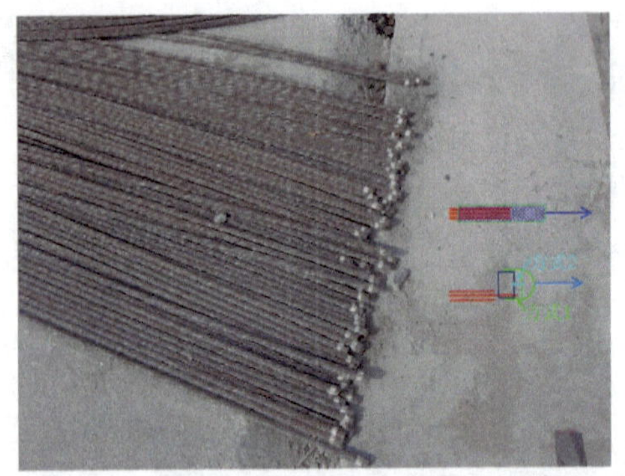

图 9.1.4—13　钢绞线端部绑扎及穿索示意

图 9.1.4—14　穿索机

图 9.1.4—15　穿索套

图 9.1.4—16　穿索器

图 9.1.4—17　小型卷扬机穿索

图 9.1.4—18　预应力钢绞线张拉

图 9.1.4—19　伸长量测量

图 9.1.4—20 预应力钢丝张拉

图 9.1.4—21 预应力钢筋张拉

图 9.1.4—22 预应力钢筋张拉

图 9.1.4—23 预应力钢绞线张拉

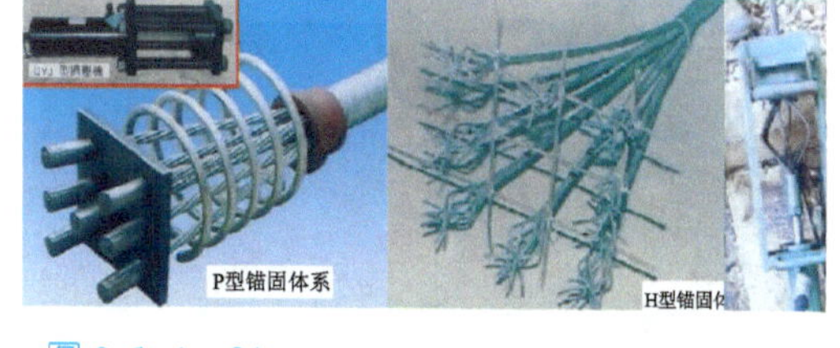

图 9.1.4—24 P 锚及 H 锚

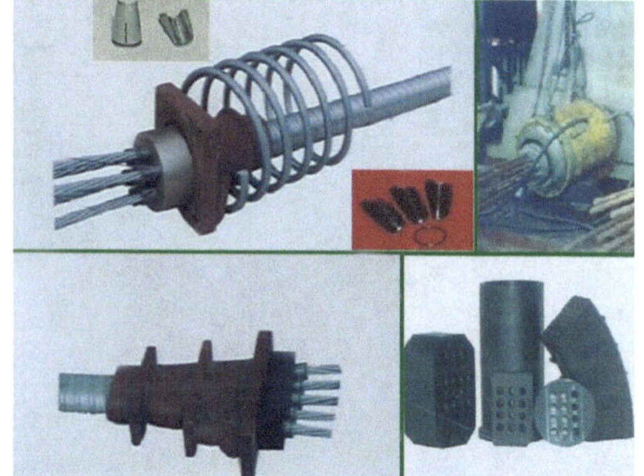

图 9.1.4—25 夹片锚具

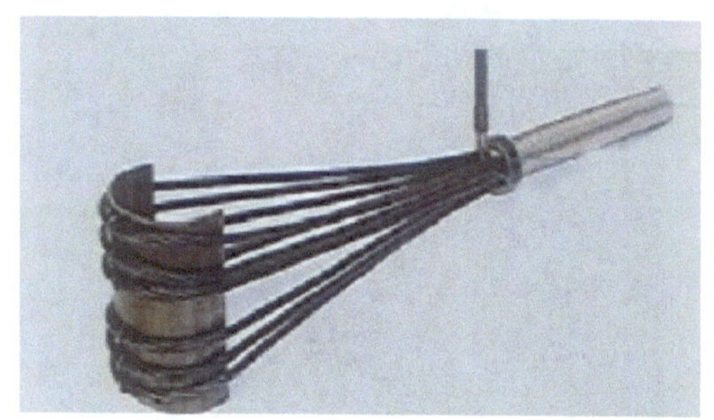

图 9.1.4—26 U 锚

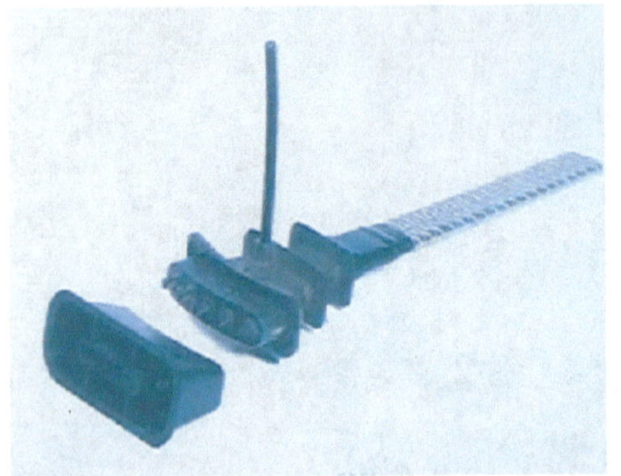
图 9.1.4—27 扁锚

图 9.1.4—28 镦头锚

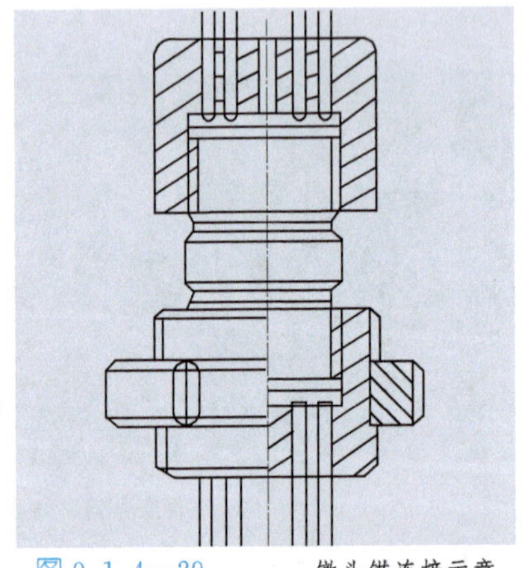
图 9.1.4—29 镦头锚连接示意

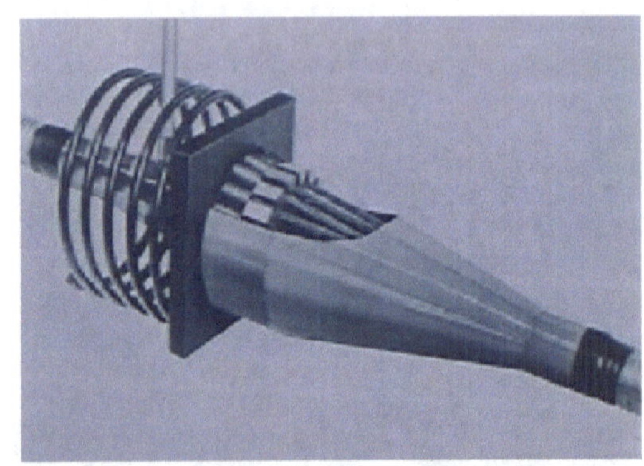
图 9.1.4—30 P锚连接

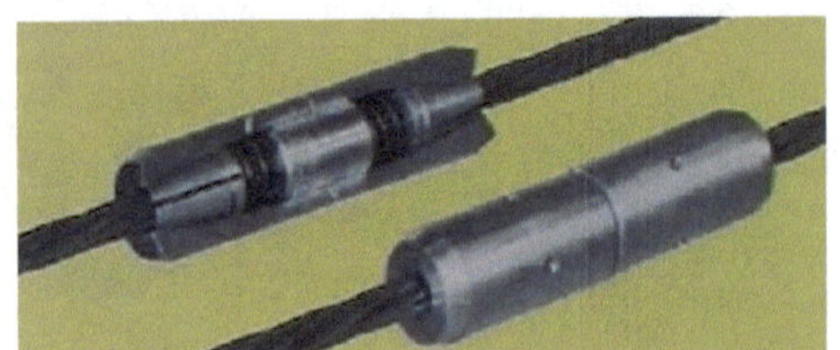
图 9.1.4—31 钢绞线连接器

图 9.1.4—32 钢绞线连接器

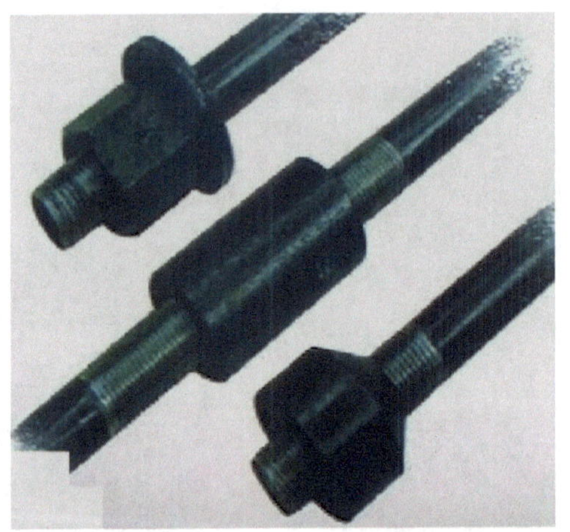
图 9.1.4—33 预应力轧丝锚及连接

图 9.1.4—34 千斤顶校正顶力架

图 9.1.4—35 千斤顶校正顶力架

9.1.5 预埋件

梁体内设置有支座、水电支架、照明系统、通讯系统、警示标志系统、防雷击系统、施工辅助设施等预埋件。由于浇筑混凝土后再增设预埋件将局部破坏混凝土，影响梁体的质量或外观，应在混凝土浇筑前通过填写检查表格落实预埋件。应经过设计、监理单位等确认预埋件的内容、数量、规格，防止漏埋。应有效定位预埋件，防止在混凝土浇筑过程中预埋件发生移位、损坏等。图 9.1.5 为预埋件。

图 9.1.5 支座锚栓预埋件

9.1.6 混凝土的浇筑与养护

浇筑混凝土前，应认真检查混凝土浇筑系统。检查内容包括：调整的施工配合比，砂、石、水泥、粉煤灰、矿粉、硅粉、外加剂、水的质量和储备数量，供电系统特别是备用供电系统，混凝土温度控制系统，混凝土搅拌、输送或运输、布料、振捣系统，混凝土表面收浆和养护系统，作业人员数量及组织系统，前台与后台通讯系统，后勤保障系统，天气预报系统，各方面的应急保障措施等。混凝土配合比中建议硅酸盐水泥含量为胶凝材料重量的 50%～60%，粉煤灰、矿粉含量各为 20%～25%，含砂率为 40%～43%，混凝土表面色泽与配合比、材料颜色有关。

根据混凝土的浇筑工艺要求确定混凝土产量。混凝土的产量应满足在下一层混凝土初凝前能浇筑上一层混凝土的要求，混凝土分层厚度一般为 30～40 cm，振捣混凝土时振捣器应插入下一层混凝土 10 cm 左右，以保证混凝土结合面的质量。浇筑混凝土过程中，除保证振捣质量外，更应注意不要损伤预埋部件。

及时进行混凝土表面的二次收浆是保证混凝土表面不产生龟裂的重要手段，必须安排足够的人力以保证二次收浆能及时进行，按时完成。

混凝土的养护方法主要有保湿保温养护、蒸汽养护、喷洒养护液养护等。采用浇水养护时应注意水资源的循环利用，环境温度低于 5℃时不能采用浇水养护；采用蒸汽养护时应注意蒸汽管的布置、出汽口的朝向、温度场的均匀性，应注意混凝土静养时间、升温速度及温度、恒温温度及养护时间、降温速度及温度、脱模温差的控制等；采用喷洒养护液养护时应注意养护液喷洒的均匀性、密度等，选用的养护液应不影响混凝土的外观。组图 9.1.6 为混凝土浇筑施工。

图 9.1.6—1(1)　混凝土工厂

图 9.1.6—1(2)　混凝土工厂

图 9.1.6—1(3)　砂石料遮阳棚

图 9.1.6—2(1)　混凝土工厂

图 9.1.6—2(2)　搅拌站

图 9.1.6—2(3)　砂、石料场

图 9.1.6—3 碎石机组

图 9.1.6—4 水泥储料罐制作及安装

图 9.1.6—5 水上混凝土工厂

图 9.1.6—6 简易水上混凝土工厂

图 9.1.6—7 水上混凝土浇筑

图 9.1.6—8 片石混凝土浇筑

图 9.1.6—9(1) 箱梁混凝土浇筑

图 9.1.6—9(2) 箱梁混凝土浇筑

图 9.1.6—9(3) 混凝土浇筑

图 9.1.6—9(4) 混凝土收浆天桥

图 9.1.6—10 喷水养护

图 9.1.6—11 土工布覆盖保湿养护

图 9.1.6—12 塑料膜保湿养护

图 9.1.6—13 喷养护液养护

图 9.1.6—14(1) 外模泡沫保温层

图 9.1.6—14(2) 外模泡沫保温层作业

图 9.1.6—14(3)　蒸汽养护

图 9.1.6—15　养护棚

图 9.1.6—16　养护棚

图 9.1.6—17　蒸汽养护

9.1.7 预应力张拉、孔道压浆、封端

预应力张拉见 9.1.4 预应力体系。

孔道的压浆和封端质量直接影响预应力混凝土结构的耐久性。孔道压浆工艺主要有常规孔道压浆和真空孔道压浆。常规孔道压浆的压力为 0.6～0.7 MPa。在真空压浆中，增加管道的抽真空设备，使管道内的空气产生－0.6～－0.7 MPa的压力。真空压浆可以使管道内的浆体更加密实，更有效地保护预应力钢筋。水泥浆应具有良好的性能，封锚应有效。

封端混凝土应振捣密实，应加强封端混凝土的养护，封端混凝土与梁体混凝土接触表面宜涂刷防水涂料以防止混凝土收缩裂纹成为锈蚀通道。组图 9.1.7 为预应力张拉、孔道压浆、混凝土封端。

图 9.1.7—1　预应力张拉

图 9.1.7—2 预应力钢筋切割

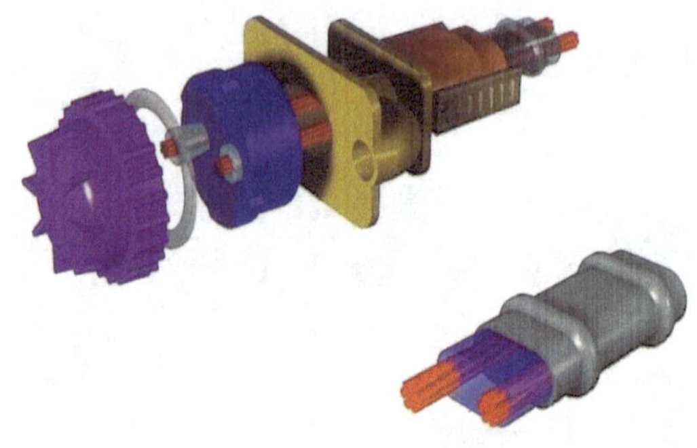

图 9.1.7—3 封锚示意

图 9.1.7—4 封锚

图 9.1.7—5 真空泵

图 9.1.7—6 压浆作业

图 9.1.7—7 压浆效果

图 9.1.7—8(1) 封端钢筋网片安装

图 9.1.7—8(2) 封端混凝土浇筑

图 9.1.7—8(3) 封端混凝土养护

图 9.1.7—8(4) 封端封闭

9.1.8 梁体的运输、存放

移动重物的可能方案有：空中运输方案，如利用直升飞机起吊、运输；水中运输方案，如利用船舶装载运输；陆地运输方案，如用龙门吊机起吊、运输等。由于预应力混凝土箱梁的重量大，目前条件下采用空中运输的方案不可能实现。

垂直移动重物的方案有：龙门吊机提升、汽车或履带吊机等提升、千斤顶提升、抽水注水或涨潮落潮升降等。水平移动重物的方案有：轮式台车运输，如轮胎式、轮轨式、履带式台车；滚辊式台车运输，如气囊、钢滚筒；滑移式台车运输；水上船舶运输等。

梁体重量较大，应切实保证移梁设备的性能。移梁设备应具有适当的保险、预警功能，应加强移梁设备的日常检修和维护。

在条件许可的情况下，宜采用三点支撑方式存放预应力混凝土箱形节段，这种节段的长度一般在 3～5 m。预应力混凝土预制箱形梁的长度一般在 16～40 m，采用三点支撑方式将增加成本。在采用四点支撑方式的情况下，由于预应力混凝土箱型梁抗扭强度一般较弱，应特别注意支撑点的标高差异及不均匀沉降的问题，支点的标高差异和不均匀沉降可能造成梁体的损坏。

存梁台座的数量应与制梁速度、养护周期、架梁速度相匹配。组图 9.1.8 为梁体的运输、存放。

图 9.1.8—1 龙门吊运输

图 9.1.8—2 龙门吊运输

图 9.1.8—3 轮轨台车运输

图 9.1.8—4 轮胎台车运输

图 9.1.8—5(1) 滑移台车运输

图 9.1.8—5(2) 滑移台车运输

图 9.1.8—5(3) 滑移台车运输

图 9.1.8—6 滚辊台车运输

图 9.1.8—7 梁体的存放

图 9.1.8—8 梁体的存放

9.1.9 长线法与短线法预制

在悬拼施工中，需进行预应力混凝土节段的预制，一般采用长线法和短线法预制工艺预制预应力混凝土节段。

长线法预制工艺有利于节段匹配质量的控制，由于不宜频繁调整底模线形，一般采用多跨梁体综合平均的预拱度布设底模的线形。采用长线法预制工艺时，需要的场地面积大，地基处理工作量大，支架及模板投入大，成本相对较高。

在短线法预制节段的施工中，容易调整节段线形，但需加强节段匹配线形的控制。采用短线法预制工艺时，场地面积较小，支架及模板投入较小，在国外被广泛使用。

一般采用三点支撑方式存放预制节段，不需进行严格的支点地基处理，一般采用轮胎式运输车运输预制节段。组图 9.1.9—1 为长线法预制，组图 9.1.9—2～3 为短线法预制。

图 9.1.9—1(1) 长线法预制台座

图 9.1.9—1(2) 长线法预制场景

图 9.1.9—1(3) 长线法预制场景

图 9.1.9—1(4) 长线法预制场景

图 9.1.9—1(5) 节段存放

图 9.1.9—2(1) 短线法预制台座

图 9.1.9—2(2) 短线法预制场景

图 9.1.9—2(3) 钢筋绑扎台座

图 9.1.9—2(4) 节段吊装及存放

图 9.1.9—3 短线法预制工厂

9.1.10 混凝土工程施工缺陷

在混凝土工程施工中，应避免由于工艺落实不力或工艺方法错误造成缺陷。应按照审批的工艺修复混凝土缺陷。组图 9.1.10 为常见的混凝土工程缺陷。

图 9.1.10—1 漏振

图 9.1.10—2 自由落差过大造成离析、漏振

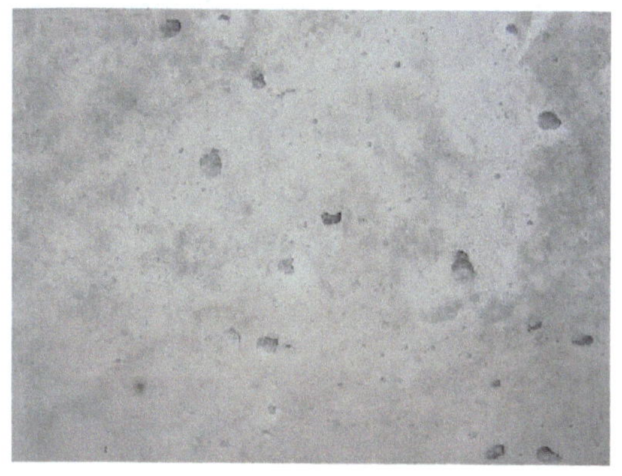

图 9.1.10—3 欠振、振捣操作错误气泡未排出

图 9.1.10—4 钢筋布置密集混凝土不能正常流动

图 9.1.10—5 预应力管道堵塞后凿通

图 9.1.10—6 模板变形产生表面拉毛、泌水

图 9.1.10—7 跑模、漏浆

图 9.1.10—8 漏浆、欠振

图 9.1.10—9 模板锈坑未处理

图 9.1.10—10 钢筋加工尺寸误差

图 9.1.10—11 钢筋绑扎线形不符合要求

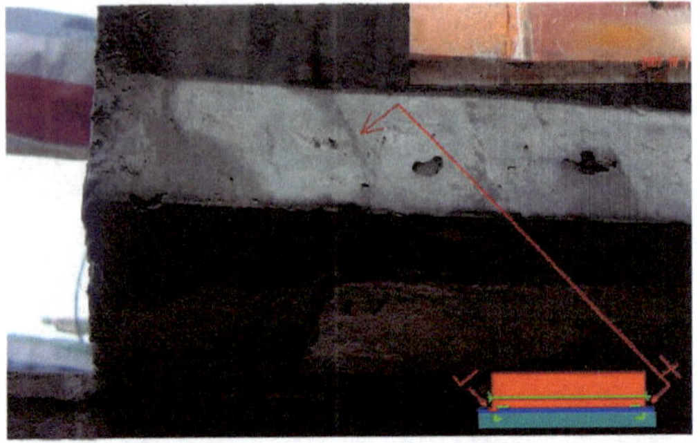

图 9.1.10—13 预应力张拉前梁端底模未拆除产生裂纹

图 9.1.10—12 混凝土浇筑不连续产生冷缝

图 9.1.10—14 温差过大产生裂纹

图 9.1.10—15 浮浆过厚、未收浆产生裂纹

图 9.1.10—16 混凝土配合比不良、过振、压强过大等均可能产生泌水

图 9.1.10—17 料场排水不良

图 9.1.10—18 料场排水不良

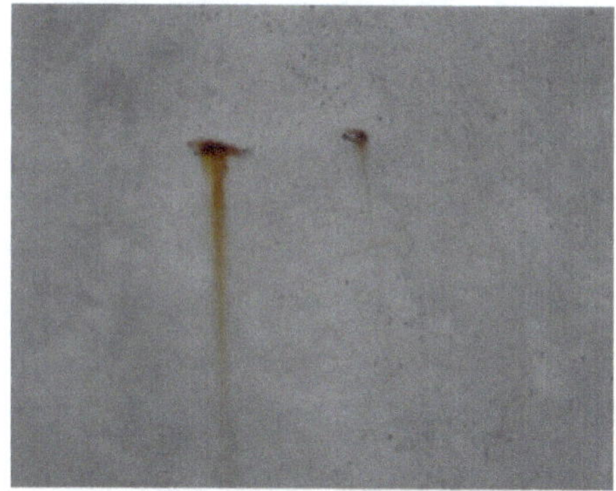

图 9.1.10—19 轧丝与模板接触，锈蚀

图 9.1.10—20 模板漆脱落，插入式振捣不宜采用模板漆

图 9.1.10—21 模板表面不平整

图 9.1.10—22 脱模剂稠度过大涂刷过厚、模板错台未处理

图 9.1.10—23 内模千斤顶漏油未清理

图 9.1.10—24 模板表面杂物未清理、扎丝靠近模板

图 9.1.10—25 预埋件方式及切除不当

图 9.1.10—26 预应力钢筋切割方法不当

图 9.1.10—27 预应力锚具封锚工艺不当

图 9.1.10—28 预应力锚具封锚、压浆工艺不当

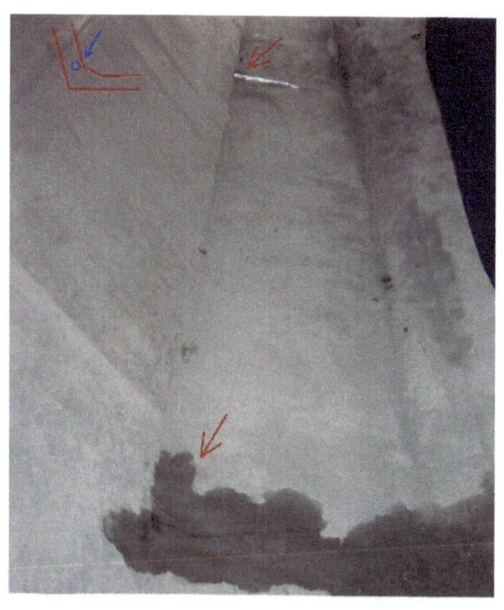

图 9.1.10—29 预应力管道附近混凝土振捣不密实

9.2 耐候钢梁

为减少钢梁的后期养护，可采用耐候钢进行小型桥梁建设。组图 9.2 为耐候钢桥。

图 9.2—1 耐候钢试验开始时

图 9.2—2 耐候钢试验 9 年后

图 9.2—3 无涂装桥梁

图 9.2—4 无涂装桥梁

9.3 支座、防震设施及其他

桥梁支座类型主要有单向活动支座、双向活动支座、固定支座。一联桥梁中，只在一个墩顶上设置固定支座。当同一墩顶支座间距较小、桥梁横向变形较小时，同一墩顶的支座可均采用固定支座，否则只设置一个固定支座，其他支座为单向（横向）活动支座。非固定墩上设置单向（纵向）活动支座，当同一墩顶支座间距较小、桥梁横向变形较小时，可均采用单向（纵向）活动支座，否则只设置一个单向（纵向）活动支座，其他为双向活动支座。

支座类型主要有油毛毡或平板支座（小跨度桥梁）、板式橡胶支座、盆式橡胶支座、球形支座、钢支座等。组图 9.3 为各类支座、防震设施。

图 9.3—1 固定球形支座

图 9.3—2 单向（纵向）活动盆式橡胶支座

图 9.3—3 固定盆式橡胶支座

图 9.3—4 单向活动钢支座

图 9.3—5 单向活动钢支座

图 9.3—6 单向活动钢支座

图 9.3—7 阻尼器（STU）

图 9.3—8 板式橡胶支座及混凝土剪力键

图 9.3—9 钢剪力键

图 9.3—10 伸缩缝

图 9.3—11 伸缩缝

图 9.3—12 伸缩缝

图 9.3—13 公路沥青桥面

图 9.3—14 护栏施工

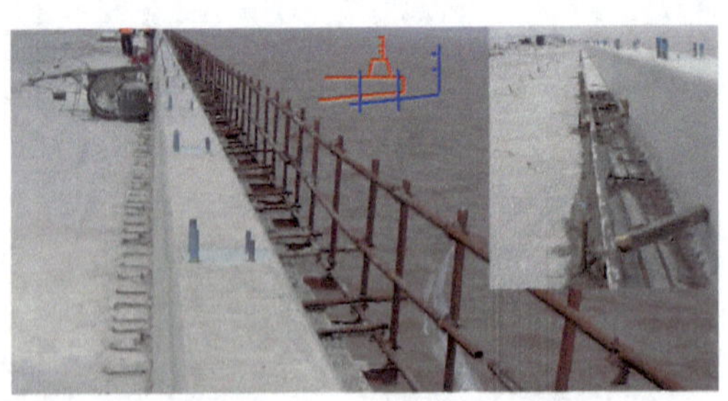

图 9.3—15 护栏施工

图 9.3—16 护栏施工

附录 A　路桥施工图册(电子版)简介

《图解桥梁施工技术》主要参考路桥施工图册（电子版）编制而成，如需要更多的图片及说明，请参考路桥施工图册电子版。路桥施工图册是土木工程套装软件 Plane 的组成部分，包含 4 500 张路桥施工图片及说明，直观反映路桥施工技术工艺及装备，是很好的教学、演示、工作、学习的参考资料。

路桥施工图册（电子版）由明挖基础（承台及墩身）施工图册、沉入桩（管柱）基础施工图册、钻（挖）孔桩基础施工图册、沉井基础（门吊及疏浚）施工图册、梁式桥施工图册、拱桥施工图册、斜拉桥施工图册、悬索桥施工图册、混凝土梁（其他）施工图册组成，内容丰富、全面、实用。

路桥施工图册（电子版）采用土木工程套装软件 Plane 之图片管理器 Picmanage 软件编制。路桥施工图册（电子版）界面如下：①为目录区，通过点击目录区节点链接打开各分册；②为图片显示区，显示当前图片内容；③为图片说明区，描述图片中主要工艺要点；④为图片缩放区，通过设置可以放大或缩小图片；⑤为绘图工具区，可以在图片背景中绘制图形；⑥为文件操作区，进行图片翻页、查找等。图片管理器 Picmanage 软件是功能强大、特点鲜明、实用易用的图片管理工具，可广泛应用于工程、家庭等电子图片以及文件资料的管理和检索。

附录B 土木工程套装软件 Plane 功能简介

套装软件包括图片管理器、平面结构分析软件、桩基础计算软件、路桥施工图册四部分，组成工程技术人员的办公软件。图 1 为软件主界面。

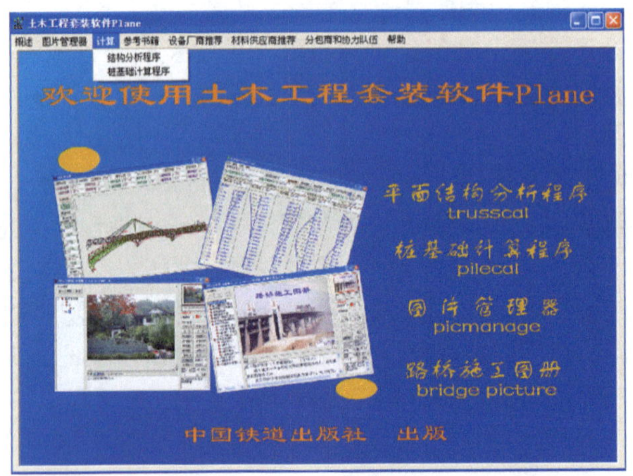

图 1 土木工程套装软件主界面

图片管理器（Picmanage）是一款实用的电子相册软件，原图片的路径修改和删除不会影响相册的使用，几百张图片编制为一个文件，可对图片进行加密、注释，通过目录或查找进行图片检索，更便于图片资料的管理和交流。记得小时候，我们都喜欢看“小人书”，一张画面几行文字启蒙着我们的教育，它界面简洁、直观。图片管理器软件参照“小人书”界面，主要由：①图片显示区、预览区；②图片注解区、简要注解区；③图片检索区；④用于图片演示时可能需要绘制“草图”的绘图工具组成。随着数码图片的数量越来越多，如何对数码图片进行归类管理并加以说明成为急需解决的问题，本软件提供了解决方案。图 2 为图片管理器软件界面。图片管理器软件包含具有强大图片处理功能的图片处理器。图 3 为图片处理器界面。

图 2 图片管理器主界面

图 3 图片处理器界面

平面结构分析软件（trusscal）是用于工程结构计算分析的软件，适用于广大工程技术人员，软件易学易用，通过短时间的学习即可掌握，学会后不会忘记使用方法。

（1）数据输入均采用良好的交互式界面。图 4 为数据输入界面。

（2）采用图形界面进行原始数据复核，防止输入数据错误影响计算结果。图 5 为原始数据复核界面。

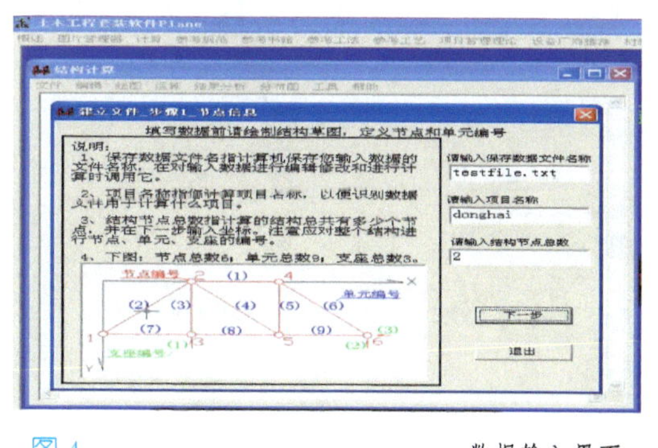

图 4　数据输入界面

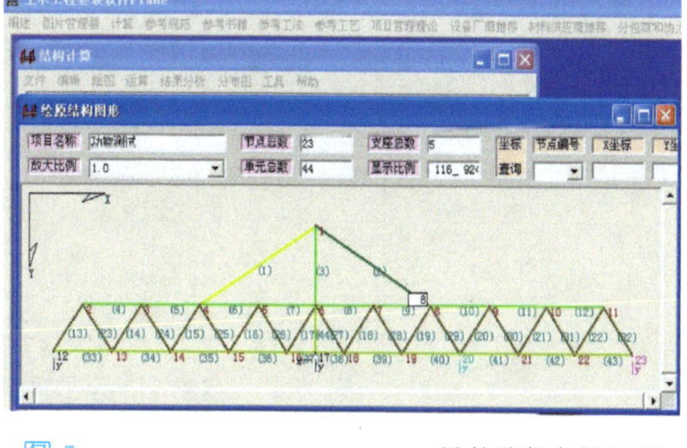

图 5　原始数据复核界面

（3）实现连续工况位移查询。图 6 为节点位移查询界面。

（4）软件可定义 950 个节点，3 000 个单元（含斜拉桥的索单元），950 个支点，900 种材料组合，900 种截面类型，进行 1 000 步以内工况的连续计算，可定义单元或支座的拆装工况，实现结构倒拆计算，可进行斜拉索的弹性模量修正和节点坐标修正。

（5）软件可进行节点集中力加载、单元集中力加载、有梯度均布荷载加载、强迫位移加载、缆索张拉加载和温度加载，实现连续工况单元内力、应力、支座反力的查询并判断最大值、最小值和最大绝对值所对应的工况，以不同的颜色直观地反映各单元不同的应力值范围。图 7 为单元内力、应力、支点反力查询界面。

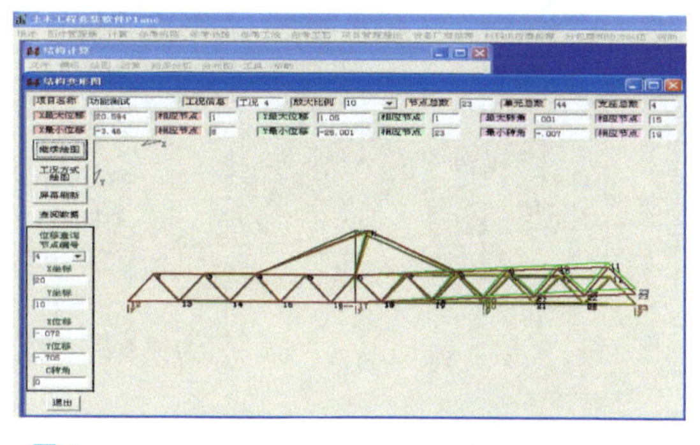

图 6　节点位移查询界面

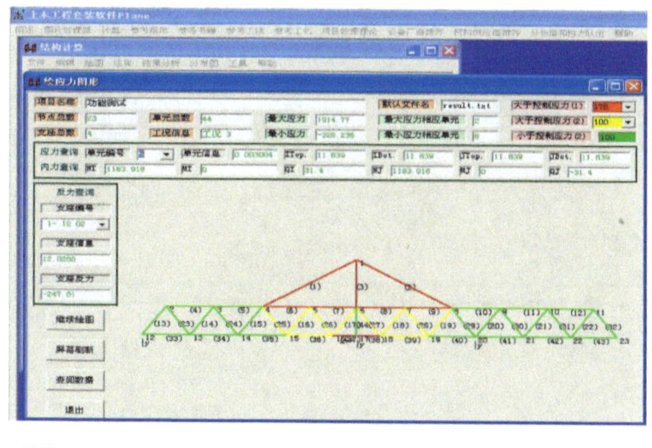

图 7　内力、应力、反力查询界面

（6）软件可绘制由各种工况计算值组成的某一节点位移分布图，某一单元内力分布图、应力分布图，某一支点反力分布图，直观反映在各个工况下的数值，方便查找其最大值和最小值以及相对应的工况。图 8 为位移分布图界面。

(7) 软件可进行典型截面和任意截面特性计算，输出截面面积、惯性矩、面积矩、形心位置、回转半径。图 9 为截面特性计算界面。所有运算成果在一个文件中集中反映，以便复核。

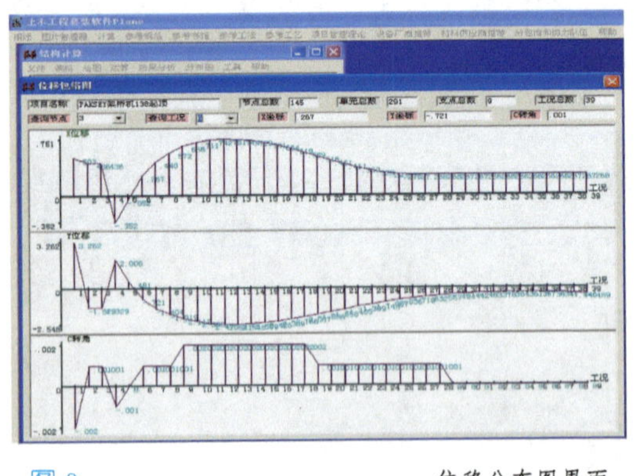

图 8　位移分布图界面

图 9　截面特性计算界面

桩基础计算软件（pilecal）适用于刚性或弹性桩基础计算，适应嵌入岩石、支承于岩石及非岩石上三种模式计算，适应实心或空心圆截面和实心矩形截面的竖直、倾斜桩计算，适应公路或铁路规范。

(1) 数据输入采用良好的交互式界面。图 10 为数据输入界面。

(2) 可获取承台位移，桩顶轴向力、弯矩、剪力，地面或局部冲刷线以下桩的位移、转角、弯矩、剪力、土壤侧压力分布图，并可查阅具体数据。图 11 为分布图界面。

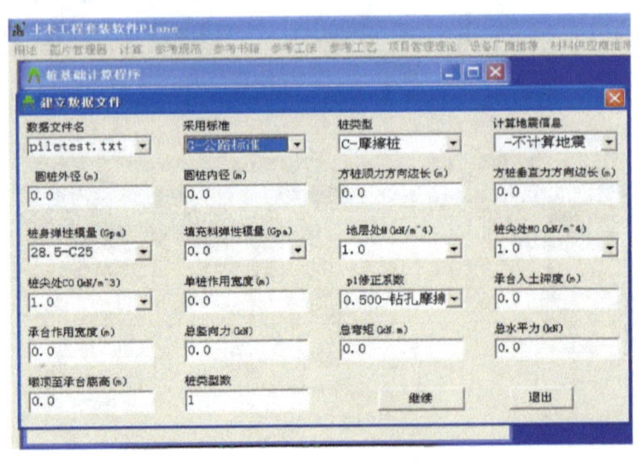

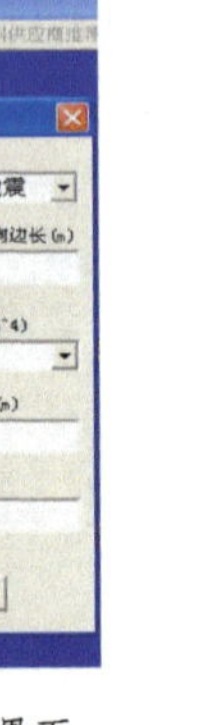

图 10　数据输入界面

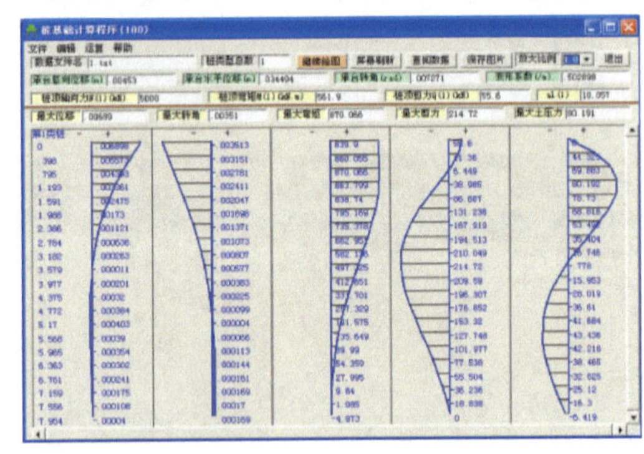

图 11　分布图界面

路桥施工图册是利用图片管理器软件编制的以桥梁施工图片为主的电子图册，见附录 A。

上述软件已通过上海市软件评测中心的软件测试及同济大学的论证。更多的资讯参见网站：www.zhshkj.com，联系电子邮箱：zs@zhshkj.com，jhdsgq@163.com。